传世励志经典

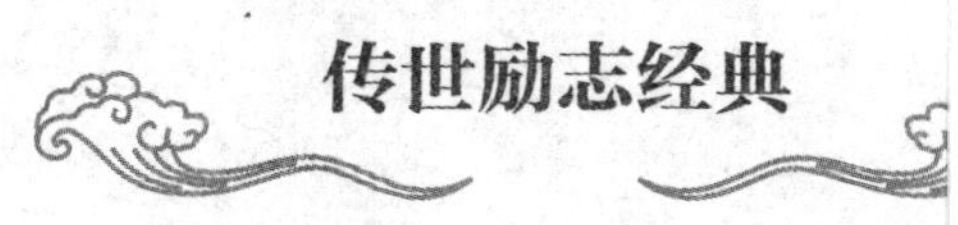

铁肩担道义

李大钊励志文选

李大钊 著 辛 尧 编

中华工商联合出版社

图书在版编目（CIP）数据

铁肩担道义：李大钊励志文选 / 李大钊著；辛尧编. --北京：中华工商联合出版社，2014.9

ISBN 978-7-5158-1046-1

Ⅰ. ①铁… Ⅱ. ①李… ②辛… Ⅲ. ①李大钊（1889～1927）—选集 Ⅳ. ①D2-0

中国版本图书馆 CIP 数据核字（2014）第 195491 号

铁肩担道义

——李大钊励志文选

作　　者：李大钊
出 品 人：徐　潜
策划编辑：魏鸿鸣
责任编辑：林　立
封面设计：周　源
责任审读：郭敬梅
责任印制：迈致红
出版发行：中华工商联合出版社有限责任公司
印　　刷：天津旭丰源印刷有限公司
版　　次：2014 年 12 月第 1 版
印　　次：2023 年 4 月第 4 次印刷
开　　本：710mm×1020mm　1/16
字　　数：200 千字
印　　张：16
书　　号：ISBN 978-7-5158-1046-1
定　　价：59.80元

服务热线：010－58301130
销售热线：010－58302813
地址邮编：北京市西城区西环广场 A 座
19－20 层，100044
http://www.chgslcbs.cn
E-mail：cicap1202@sina.com（营销中心）
E-mail：gslzbs@sina.com（总编室）

序

为了给《传世励志经典》写几句话，我翻阅了手边几种常见的古今中外圣贤大师关于人生的书，大致统计了一下，励志类的比例，确为首屈一指。其实古往今来，所有的成功者，他们的人生和他们所激赏的人生，不外是：有志者，事竟成。

励志是动宾结构的词，励是磨砺，志是志向，放在一起就是磨砺志向。所以说，励志不是简单的立志，是要像把刀放在石头上磨才能锋利一样，这个磨砺，也不是轻而易举地摩擦一下，而是要下力气的，对刀来说，不仅要把自身的锈磨掉，还要把多余的部分都要毫不留情地磨掉，这简直是一场磨难。所有绚丽的人生都是用艰难磨砺成的，砥砺生命放光华。可见，励志至少有三层意思：

一是立志。国人都崇拜的一本书叫《易经》，那里面有一句话说：天行健，君子以自强不息。这是一种天人合一的理念，它揭示了自然界和人类发展演化的基本规律，所以一切圣贤伟人无不遵循此道。当然，这里还有一个立什么样的志的问题，孔子说：士不可以不弘毅，任重而道远。古往今来，凡志士仁人立的都是天下家国之志。李白说：大丈夫必有四方之志，白居易有诗曰：丈夫贵兼济，岂独善一身，讲的都是这个道理。

二是励志。有了志向不一定就能成事，《礼记》里说：玉不琢，不成器。因为从理想到现实还有很大的距离。志向须在现实的困境中反复历练，不断考验才能变得坚韧弘毅，才能一步一个脚印地逐步实现。所以拿破仑说：真正之才智乃刚毅之志向。孟子则把天将降大任于斯人描述得如此艰难困苦。我们看看历代圣贤，从三大宗的创始人耶稣、默哈穆德、释迦牟尼到孔夫子、司马迁、孙中山，直至各行各业的精英，哪一个不是历经磨难终成大业，哪一个不是砥砺生命放射出人生的光芒。

三是守志。无论立志还是励志都不是一朝一夕、一蹴而就的，它贯穿了人的一生，无论生命之火是绚丽还是暗淡，都将到它熄灭的最后一刻。所以真正的有志者，一方面存矢志不渝之德，另一方面有不为穷变节、不为贱易志之气。像孟子说的那样：富贵不能淫、贫贱不能移、威武不能屈。明代有位首辅大臣叫刘吉，他说过：有志者立长志，无志者常立志，这话是很有道理的。

话说回来，励志并非粘贴在生命上的标签，而是融汇于人生中一点一滴的气蕴，最后成长为人的格调和气质，成就人生的梦想。不管你做哪一行，有志不论年少，无志空活百年。

这套《传世励志经典》共收辑了100部图书，包括传记、文集、选辑。为励志者满足心灵的渴望，有的像心灵鸡汤，营养而鲜美；有的就是萝卜白菜或粗茶淡饭，却是生命之必需。无论直接或间接，先贤们的追求和感悟，一定会给我们带来生命的惊喜。

徐　潜

2014年5月16日

前　言

李大钊，字守常，河北乐亭人。他是中国共产主义的先驱，伟大的马克思主义者、杰出的无产阶级革命家、中国共产党的主要创始人之一。

自古以来，中国的知识分子便关心国家的命运，以天下为己任，“先天下之忧而忧，后天下之乐而乐”。作为中国知识分子的优秀代表，李大钊完全继承了这个优良传统。

青少年时代开始，李大钊就“矢志努力于民族解放事业”，为“求得挽救民族、振兴国群之良策”。在广泛学习、研究和吸纳优秀、先进的思想时，不辞辛劳；在以行动实践他的理想追求时，不惧生死，倾注了他对祖国的炽烈的爱，对人民群众的命运的真切关心。

李大钊身上凝结了中国知识分子应有的优秀品质和传统美德。这些美德具体体现在：他谦和质朴，为人忠厚；他治学勤勉，勇于任事，不图虚名；他诲人不倦，为师可敬；他勤俭奉公，投全身心于革命事业；他勇于斗争，坚持原则，临危不惧，勇于担当。最后，他为中国的共产主义事业献出了自己宝贵的生命。他的种种都让同志、朋友，甚至敌人折服。李大钊的妙笔遗文更是留给后人的宝贵财富，鲁迅曾说，李大钊的遗文“将永在，因为这是先驱者的遗产，革命史上的丰碑”。

李大钊崇高的道德、气节和操守是我们励志的典范。其精神遗产能让人从中汲取和增强精神营养。他的革命精神、高尚品质以及优良传统，对建设我们美好的明天具有非常重要的意义。殷切希望读者朋友能从中获得启迪和鼓舞。

编　者

目 录

大哀篇

（哀吾民之失所也）

嗟呼！斯民何辜！天胡厄之数千年而至今犹未苏也！暴秦以降，民贼迭起，虐焰日腾，陵轧黔首，残毁学术，范于一尊，护持元恶，抑塞士气，摧折人权，莫敢谁何！口谤腹诽，诛夷立至，侧身天地，荆棘如林，以暴易暴，传袭至今。噫嘻！悲哉！此君祸也，吾言之有余痛矣。然自满清之季，仁人义士，痛吾民之憔悴于异族专制之下，相率奔驰，昭揭真理之帜，以号召俦类，言之者瘏口哓音，行之者断头绝服，掷无量之头颅、骸骨、心思、脑血，夙兴夜寐，无时不与此贼民之徒，相激战于黯黯冤愁之天地中，以获今日之所谓共和者又何如也？吾殉国成仁杀身救民之先烈，所以舍生命以赴之者，亦曰："是固为斯民易共和幸福也。"吾民感先烈之义，诚铭骨镌心，志兹硕德，亦欣欣以祝之曰："是固为吾民易共和幸福也。"而骄横豪暴之流，乃拾先烈之血零肉屑，涂饰其面，傲岸自雄，不可一世，且悍然号于众曰："吾固为尔民造共和幸福也。"呜呼！吾先烈死矣！豪暴者亦得扬眉吐气，击柱论功于烂然国徽下矣。共和自共和，幸福何有于吾民也！

彼等见夫共和同有所谓政党者矣，于是集乌合之众，各竖一帜，以涣汗人间，或则诩为稳健，或则夸为急进，或则矫其偏，则自矜为折衷。要皆拥戴一二旧时党人、首义将士，标为自党历史上之光荣。实则所谓稳健者，狡狯万恶之官僚也，急进者，蛮横躁妄之暴徒也，而折其衷者，则又将伺二者之隙以与鸡鹜争食者也。以言党纲，有一主政，亦足以强吾国而福吾民。以言党德，有一得志，吾国必亡，吾民无噍类矣。此非过言也。试观此辈华衣美食，日摇曳于街衢，酒地花天，以资其结纳挥霍者，果谁之脂膏耶？此辈蝇营狗苟，坐拥千金，以供其贿买选票者，又果谁之血髓耶？归而犹绐吾蠢百姓曰："吾为尔作代表也，吾为尔解痛苦也。"然此辈肥而吾民瘠矣。抑吾闻之，各党之支分部，因选举耗用者，动辄数万金，此其所需，要皆仰给于其党魁俊之踞要津享大名者。夫此踞要津享大名者，充其极不过一总统，一都督耳，否则两袖清风之空衔伟人耳，既无邓氏之铜山，更乏郭家之金穴，顾安得此钜金者，其故不大可思乎？或谓子殆不知政党之作用，故讥之无完肤。曰：吾侪小民，固不识政党之作用奚似，但见吾国今之所谓党者，敲吾骨吸吾髓耳。夫何言哉！夫何言哉！

共和后，又有所谓建国之勋者矣。其今日一榜，明日一榜，得勋位、嘉禾、上将、中将者，要以武人为多，而尤以都督为横，以其坐拥重兵，有恃无恐，上可以抗中央，下可以胁人民。其抗中央也，则曰："吾拥护民权也。"其胁人民也，则曰："吾尊重国法也。"究之，国法当遵，而彼可以不遵，民权当护，而彼可以不护。个过假手于国法以抑民权，托辞于民权以抗国法，国法民权，胥为所利用以便厥私。中央视之无奈何也，人民视之无奈何也。则革命以前，吾民之患在一专制君上；革命以后，吾民之患在数十专制都督。昔则一同有一专制君主，今一省有一专制都督。前者一专制君上之淫威，未必及今日之都督，其力复散在各省，故民之受其患也较轻。今者一专制都督之淫威，乃倍于畴昔之君丰，其力更集中于一省，则民之受其患也重矣，则所谓民权以权者，皆为此辈猎取之以自恣，于吾民乎何与也？

嗟呼！今之自命为吾民谋福利护权威者，竟若是矣！吾民更奚与共安乐者，耗矣。哀哉！吾民瘁于晚清稗政之余，复丁干戈大乱之后，满地兵燹，疮痍弥目，民生雕敝，亦云极矣。重以库帑空虚，岁出增巨，借款未成，司农仰屋，势不能不加征重敛于民。民既托庇于其下，在理当负斯责，亿辛万苦，其又何辞。然求于民者民应之矣，民之切望于国家者，乃适得其反。呜呼！吾民乃委无望矣。富强之本不外振农、通商、惠工。农以生之，工以成之，商以通之。试观吾国，版图若兹其阔，民庶若兹其繁，江河贯于南北，沃野千里，天府之区也。苟有善治者，不待十年，丰庶之象，可坐而睹，而锋镝扰攘之余，为之国家者，不有以解其倒悬，乃坐视困苦飘零而不救，以致农失其田，工失其业，商失其源，父母兄弟妻子离散茕焉，不得安其居，刀兵水火，天灾乘之，人祸临之，荡析离居，转死沟洫，尸骸暴露，饿殍横野。呜呼！国家至此而穷于用，则吾民之所以牺牲其天秩自由，而屈其一部以就范于国家之下者，果何为乎？然是岂国家自身之咎哉？夫今之为政者，匪不纲其政缔以示斯民，若社会政策也，保护制度也，是又徒炫耀其名以贾吾民之欢心已耳。钻营运动争权攘利之不暇，奚暇计及民生哉？然则所谓民政者，少数豪暴狡狯者之专政，非吾民自主之政也；民权者，少数豪暴狡狯者之窃权，非吾民自得之权省；幸福者，少数豪暴狡狯者掠夺之幸福，非吾民安享之幸福也。此少数豪暴狡狯者外，得其所者，有几人哉？吾惟哀吾民而已矣！尚奚言！

1913年4月1日

“言治”第1期

署名：李剑

国　情

自“临时约法”为集矢之的，而世之谈国情者众。夫衡宪典于国情，宁匪可尚者，而以客卿论国情，则扞格之处恒多。纵其宅心立言，力辟国拘，而欲以诚挚自贡，虑其所谓国情者，究属皮相之见，不叶于实象，所向愈切，所去愈遥。况邦国之际，利害相反者有之，使其人而褊塞阴狠者，忠于己不必忠于人，则其标为治安之制者，安可信赖。盖国情之不可与客卿谋也久矣。

今国人信为足与谋国情者，为日人有贺长雄与美人古德诺。二氏学诣之所造，吾不敢知。但知古德诺氏之论国情也，必宗于美，否亦美洲人目中之中国国情，非吾之纯确国情也。有贺氏之论国情也，必比于日，否亦日本人目中之中国国情，亦非吾之纯确国情也。幸而与谋国情者仅一美人一日人耳，而新约法之毛颜已斑杂二种。设更得黄金百万，开馆筑台，延纳列国博士，相与辩析天口，文擅雕龙，抵掌而论吾国情，时势潮流之所推移，群众狂暴之所酿煽，一人意志之所专恣，所能容与斟酌于国情者之量几何？将亦为天下挟策干时之士裂矣。夫非筑室道谋之类乎？

往者有贺氏倡为总统内阁制之说，以迎当道，而宪法之风潮以起，吾侪已惊其立言之异趣矣。而新约法颁布之顷，古德诺氏复有“新约法论”刊于北京各报，所论是否谐理，姑不置辩，以新约法为物，无吾侪管窥法理之余地，独其所谓国情者，不能无疑焉。

氏之论国情也，要谓吾民俗重视家族，淡于政治，自昔无选举制度，似谓国情如此，行代议政治有所未安者。吾尝思之，中国自唐虞之世，敷教明伦，亲九族以协万邦，家族之基，于以确立，聚族为村，有礼俗以相维系，国家权力之及于民者，微乎渺矣。百年而上，尚纯以放任为治，征赋折狱而外，人民几与国家无涉，国权之及于民也轻，故民意之向于政治也淡。然历代君人者，必以省刑罚、薄税敛为戒，其民始相安于无事，否则揭竿四起矣。尤以宅国大陆之中，闭关自守，历有年所，初无外力之激迫感动，而家族制度之巩固，亦足以远却国家之权力，故此状保持独久，民情亦因之稍异，斯诚近似。而今则何如者？近世国家政务日繁，财政用途亦日增，人民负担之重，已非昔比。于是“不出代议士，不纳租税”之声愈高，而争获参政之柄者，亦不惜牺牲身命以求之。稽近世政变之由来，直可谓为因赋税之加重而起也。中国海通而后，亦竞立于列国之林，财政用途之扩张，不惟不能独异，而以屡逢创挫，国力益微，养兵赔款，穷索编氓，维新以来，负担益重。夫前之漠然于政治者，以国家权力之及乎其身者轻耳，今则赋重于山矣，法密于毛矣，民之一举一动，莫不与国家相接矣！纵悬厉禁以阏之，民亦将进索政权而不顾，乃谓其不习于代表政治，退抑之使仍听命于行政者意旨之下，此实逆乎国情之论也。苟能返吾民于上古榛芒之域：“耕田而食，凿井而饮，帝力何有于我者！”虽无国家可也。即不然，取于民者有限，法令不如今之繁，赋敛不如今之重，使民不闻政犹可也。奈世无兹大力者堪与时势抗耳。抑氏不云乎："官吏诛求过苛，民不堪命，故群起而抗之，然人民对于政治之权力，舍此固无他术也。"夫然，当此负担加重之时，吾侪乃谋所以避其反抗之道，欲以代议政治行于吾国，以免于祸乱，而氏必欲保吾已往之国情，必欲使吾民舍群起反抗无他术焉。吾不识制宪法衡国情者，将以求治乎，抑以蓄乱乎？

氏论最奇者，莫如"人民生计至艰，无参究政治之能力"。及"其人民既不习于代表之政治，而又有服从命令与夫反抗苛虐之积习，一旦改数千年专制之政体，一变而为共和，欲其晏然无事，苟非其政府有维持秩序之能力，盖必不可得之数矣"。吾之国民生计，日濒艰窘，无可掩讳，然遽谓其至于无参政能力之度，吾未之敢信。盖所谓生计艰者，比较之辞，非绝对之语，较之欧美，诚得云然，较之日本，尚称富裕，胡以日人有参政能力，而我独无也？此则大惑不解者矣。共和国民之精神，不外服从法令与反抗苛虐二者。盖共和国之所由建造，大抵为反抗苛虐之结果，而其所以能安于共和政治之下者，则必有服从法令之精神。今氏指斯二者为吾之国情民性，虞其不能晏然于共和之下者，抑又何也？且国无间东西，政无分共和、专制，政府要宜具有维持秩序之能力，此政府之通性也。共和国既个能独异，亦非特因吾之国情而需乎此者，氏以忠于国情过笃，竟忘其为政府之通性，何其率也！

言国情者，必与历史并举，抑知同情与历史之本质无殊，所异者，时间之今昔耳。昔日之国情，即今日之历史；来日之历史，尤今日之国情。谈宪法者，徒顾国情于往者，而遗国情于近今，可怪也。吾以为近今之国情，较往昔之国情为尤要，盖宪法为近今之国情所孕育，风云变色，五彩旗翻，曾几何时？汉江之血潮未干，盟誓之墨痕宛在，共和政治之真义，尚未就湮，人且弃之若遗。如古德诺氏者，至不惜掘发欧洲古代之文辞故事于亡国荒冢之中，以章饰新约法，谓国家即帝国其质，元首即终身其任，亦无妨于共和之修名，惜氏所知者仅于 Republic 之一字耳。使更有人以周人逐厉之事相告，则论共和先例者，当更添一奇观矣。伤时之士，见有贺氏议论，怦然心动，至谓以地势相连，遂成今果，无善法以弥此憾，惟深望识时之彦，常往来欧美。呜呼！欧美，人之言，岂尽可恃哉！求国情于外人，窃恐此憾终难弥耳。

1914 年 11 月 10 日

“甲寅”杂志第 1 卷第 4 号

署名：李大钊

国民之薪胆

吾国对日关系之痛史，宜镌骨铭心纪其深仇大辱者，有三事焉：曰甲午，曰甲辰，曰甲寅。甲午之役，丧师割地，东亚霸权，拱手以让诸日本。甲辰之役，日本与俄，争我满洲，而以我国为战场，我反作壁上观，其结果致敌势益见披昌。甲寅之役，日德构衅，以吾国山东为战场，一如日俄故事，后幅文章，竟欲演亡转之惨剧于吾中国。此三甲纪念，实吾民没齿不忘者也。吾人于甲寅之新印象，更牵起甲午、甲辰之回顾，以青岛之战祸，无异辽东之劫，通牒之酷虐，几于城下之盟，将来欧洲战云若霁，此风雨摧零之中华国徽，究因横暴之侵陵，作何颜色，茫茫前路，殊难预卜。但知吾国沦降之新地位至于何等，皆日本此次乘世界之变局，强携我国家若民族濒于万劫难复之域，而堕之于九渊之中。吾人历数新仇旧怨之痕影，苟时势尚许我以最后之奋斗，则此三甲纪念中之甲寅，吾人尤愿与之共未来之薪胆生涯者矣。

交涉告急之顷，吾人执笔欲纪其经过之概略，而以外交秘密，莫从探检辄止。内外报章，虽各间有传载，亦东鳞西爪，莫辨虚实。延至今门，吾国竟屈于敌，震于其强暴无理之最后通牒，丧失国权其巨，国将由此不国矣！交涉既结，两国政府，均有发表之公文，而自青岛战争伊始，迄于日本向我国提出要索条件，其间交涉详情，本会前曾刊行之“日人谋我近事”（雷君殷著），述之颇详，雷君且愿广续终篇，饷我国民。兹篇之作，仅最其要，而以最近国民之血泪，略事点缀，取其便置座右，永志弗忘而已！

民国三年八月，欧洲大战之血幕既开，日本政府于八月四日，发表一种公文，旨在宣言对于战局严守中立，惟万一英国亦涉战潮，日、英协约目的濒于危殆，日本当尽协约义务，而执必要之措置。识者已预知东亚之悲惨风云，将从其所谓必要措置者腾波叠浪而来矣。于是同月六日，大限氏召集内阁会议，八日夜召集元老会议，九日与英政府开始交涉，英不同意，日更要之以利害，请其再思，十二日夜半，得英同意，但附条件，十四日日、英交涉完毕。

十五日午后七时，致最后通牒于德国，借保东亚和平之名，要求德国以胶州湾租借地全部交还中国为目的，限于一九一四年九月十五日交付日本，并称至八月二十三日正午，不接完全承认之答复，日本当执必要之行动。届时德不答，是日午后六时，日本政府遂向德国宣战。二十七日奥国亦向日本宣战。先是八月二、三、四日欧战起，六日吾国遂布中立。同日电驻日、美我国公使，俾向日、美二国政府陈辞，请其与中国协力限制战局。美国复电赞同，日本不应，后遂果攻胶州湾。但宣战前日本代理公使小幡酉吉，亦尝向我国声明：“此次用兵，原为维持东亚和平，履行日、英盟约起见，日本决不侵占中国领土，违害中国中立。”乃九月二日，日本军突由山东黄县之龙口，莱州之金口，即墨之虎头口上陆，公然侵我中立。我国政府，仓卒不知所措，德国起而抗议，乃听顾问日本人有贺长雄之言，援日、俄战时旧例，推广战区，宣布局部中立。德、奥不平，屡起抗议，抗议未已，而日军又于九月二十五日抵山东中部，迫我交战区域以外之潍县。时日本新派驻华公使日置益氏已就任，我国向之质问，彼初委为不知，继不认潍县在交战区域以外，日军一面仍西进不已，我国虽两次抗议，皆置弗理。至十月二日，始有答复，谓山东铁路确属德国管理，可视为租借地之延长，称以在县西之铁路，弃诸敌国，有军事上之危险，且中国有援助敌国之事实，并反质中国何以不允撤退铁路守兵。三日驻军一进济南，挑隙之举，不一而足。我国一味隐忍，虽压迫纷来，皆忍不与校，其间山东境内茹痛至深，盖无日不受惊窜流离之苦，惨杀侵掠之祸也。十一月七日，青岛陷，吾国朝野以谓战局既收，幸无枝节，凡兹一隅所起之国际问题，一俟欧战构和之日，听列强处分，目前或无困难问题之更发。庸距知青岛之战，乃不过如初揭全书之首页乎（日本政界要人尝有斯言）！盖项庄之剑，志在沛公，青岛之用兵，不在报德之前仇，非为履英之盟约，殆欲借端以树兵威于我大陆，作强暴要索之先声耳。方八、九月之交，日、德战端既启，日本朝野各团体争呈意见书于其外交当局，以定对我要索之条款。外相加藤氏参酌众见，制成原案。其时大阪各报，略泄其秘，揭有所谓日、华新协约者，传闻由日置氏携入北京，国人当能忆及，此即今回要索之幻影。当时拓殖新报内田良平干涉中国国体、要求聘用大宗顾问、普设日语学校之说，或亦即备其外交当局采择之一部。于是加藤氏于十一月二日，自山县始，历访其元老，并密召日置公使回国，托言母病，此轺车之去来，当有无限之风云从之以行。各方意见，既皆疏通融会，日本之决心，已泰半持定，乃作盘马弯弓乘机欲发之势，见有青岛关税问题，以为可乘之机，我国虽允其请，任大连税关长之花树氏为青岛税关长，彼又反以为辱其国体，真所谓欲加之罪，何患无辞也。十二月三日，加藤又历访元老，征其同意，要索条件，本可于是时提出，故欲牵税关问题，以为导线，惟其时以议会弹劾内阁之喧声甚高，一时搁置，税关问题，遂得含糊了结，无可借口。适本年一月七日，我国以青岛既陷，正式通告日、英、德三国，声明拟销交战区域，日本政府向我严行抗议，民间舆论，主持尤为不逊。东京“日日新闻”等报，至大书特书，谓宜派问罪使于北京。十八日，日本提出之二十一条款，分为五项，约以秘密，勿使宣布，而其通告各国者则仅十一条，内容轻重，且迥相异。盖此次日本提起交涉，全出于强盗乘火劫掠之行径，对于中国纯用迫胁威吓之术，对于世界各国，则取欺瞒诈骗之方，国际上不信不义之交涉，莫过于是也。我国既遭此奇辱，乃委由外交部当交涉之冲，彼亦自知其曲，未遽更为无理，政府遂亟任陆征祥氏为外交总长，而交涉遂于二月二日正式开始矣。会议地点，在外交部迎宾馆，外交舞台中之人物，吾国则为外交总长陆征祥，次长曹汝霖，秘书施履本；日本则为公使日置益，一等书记官小幡酉吉，秘书高尾亨。会议之间，因日使堕马受伤，我国外交当局移就日使馆会议者数次。每次会议，日使态度，备极强硬，闻小幡氏尤为蛮暴，其飞扬跋扈之状，咄咄逼人。至三月二十二日，日本托言换防，益大派军队，前往南满、山东，政府以该国驻屯军，并未满期，径向日使质问，原有防军，何时撤回？日使答以必待交涉有圆满结束，方能撤退。日本之辱我国体，竟至此极。自开议至四月十七日，为期有三月之久，前后会议共二十八次，计其要索条款之中，至是中国已表示同意者十五款。关于山东者，如沿海一带岛屿之不割让，烟台或龙口接济南铁路借款之优先权，要地之开放商埠，均经承认。惟于山东将来之处分，提出附加条款，其大旨为：（一）日本政府声明中国政府承认前项利益时，日本应将胶、澳交还中国；（二）将来日、德会议时，应准中国参加；（三）中国因胶战所蒙之损失，应由日本赔偿。此外尚有对待要求一条，即速行回复山东原状。关于南满者，如旅大及南满、安奉两铁路，租借延期至九十九年，南满洲铁路借款，南满洲税课抵借外债及南满洲聘用顾问之优先权，南满洲开矿之特权，吉长铁路借款合同之改订，吉长铁路股本及完全管理权之让与，日人在南满有置产盖造商工业及农业应用地及内地杂居之权利，均一一承诺。惟关于管辖并保护享受末项权利之日本人，中国欲加修正条款。关于汉冶萍公司者，中国亦允该公司如愿与日本资本家合办，政府不加反对。关于全国沿海一带不割让，中国允自己宣言。关于福建者，亦允日后按照日本之意愿，另行声明。其他诸款，或有损于中国主权太甚，或背乎各国机会均等主义，如汉冶萍问题之第二款，合办中国警察（后经日使解释为仅指南满警察而言，并云，如中国聘用日人为南满警政顾问，日政府必能满意，中国遂勉允之），学校、医院、寺院用地及布教权，扬子江铁路权利，聘请有力之日本人为政治、财政、军事顾问及教习，购定数军械，与合办军械厂各要求，悉以无从商议拒之，并详细说明其理由。其余争执最多之事项，厥惟南满洲土地所有权及东蒙古问题。日本原案要求日人有在南满租地或购置地亩及居住、游历、贸易、制造权，中国以若是则不惟限制中国主权，且害及机会均等，遂于第一次修正案提出在南满洲添开商埠，且设立中日合办农垦公司，日本不允。嗣又提出第二次修正案，收回前案，允其杂居，惟声明商埠以外之日本人，须服从中国警章，完纳各项赋税，与邦人一律，并援引间岛交涉成案，既有杂居之权，断不容领事裁判权与之并行，但准日本领事到堂听审，日本仍不允。乃为第三次修正案，民刑讼案，分别处理，照土耳其之先例，日本犹不允。遂于第四次提案，完全照原案承诺，惟易土地所有权为租借权，耕作土地加以另订章程数字而已。东蒙古为日本杜撰之新名词，界域既不分明，且与日本无何关系，今遽与南满相提并论，政府于此，亦主退让，允于该处开辟若干商埠。据上所述，吾国政府退让已至于无可退让之地，乃日本益以为易与。停议十日后，竟于四月二十六日重提修正案。此新议案综计二十四款，声明中国如将此二十四款全部承认，日本政府拟将胶州湾一带之地，以适当之机会，附加条件，归还中国，是为日本最后之让步云云。中国对此新议案，于五月一日答复，又豫以新让步，将此追加提出东部内蒙四款承认三款，对于日本人务农，中国曾提有另订章程一节，径即取消。对于日人间或日、华人间之讼案，允日本领事派员旁听，并徇其请，将警察法令章程，改为违警章程，以缩小中国行政权。对于汉冶萍问题，中国承认此新议案要求诸款，即中国政府声明该公司不归国有，又不准充公，不准使该公司借用日本国以外之外国资本。关于福建问题，亦允向日本声明中国政府并无允准何国在福建省沿岸，建设造船厂、军用蓄煤所、海军根据地及其他一切军务上设施，并无拟借外债自行建设或施设上开各事。于该答复中，婉陈中国不能再行让步之苦衷，冀其讯表同意，日本终不以为满意，仍以严重手段相威吓，我国政府，犹声称未经承认之条款，尚可再加考量，而日本雷厉风行之最后通牒，已于五月六日电寄北京矣。是日夜间，曹外交次长复往日使馆，称第五项中学校用地所有权或租借权，尚有磋商余地，其他扬子江铁路问题，第三国之关系如能解决，亦无不可云云。日使闻之大喜。盖其所谓最后通牒中之要求，犹未及此，遂电告日本政府，请示可否将通牒内容稍事更换，日本政府复电，谓已经御前会让，且已通告各国，碍难再改（此事二十二日日本众议院议员长岛隆二氏，曾以质问其外相加藤氏，加藤氏答以此系曹次长私人之见，非代表中国政府），此通牒遂于七日下午三时递到。通牒内容，与四月二十六日提出之新议案，大旨不相出入，惟将第五项作为悬案，限于五月九日下午六时答复。政府既受此牒，骇愕四顾，内无强兵，外无与国，惟有承认之一途，坦荡可行。爰于九日早一时，陆总长亲往日使馆，正式承认。二十五日下午，条约正文签字。日本于此次交涉，以区区一纸恫吓之书，居然索我巨量之权利，于坛坫俎豆之间，所获不可谓不丰，宜其踌躇满志私心窃喜也。而顾吾国，既丧目前之权利，更萌异日之祸根。呜呼政府！呜呼国民！其永永世世勿忘此五月七日可耳！吾纪此痛心刺骨之中日新交涉颠末，取材多由于两国政府所发表之公文，更参集中外报章，补其未备。其外交黑幕之风云，以锢封于秘密之键，无从窥其奥蕴，即此已足为吾民未来二十年卧薪尝胆之资，幸勿依样葫芦，事过境迁，仍葬于太平歌舞沉沉酣梦之中也。吾乃更就此次丧失权利之内容及其影响，本乎事实，试为推断，亦欲促政府之反省，奋国民之努力而已。

（甲）山东问题　山东自青岛陷后，日本已视为第二之满洲。惟欧洲战争未结以前，吾国关于山东问题，实无与日本交涉之必要。盖德国海外之海军根据地，不独吾国领土德国租借之青岛为日本所占领，如扶罗陵群岛萨摩，亦皆与青岛居同等之地位，将来媾和之际，当有适当之处分，吾国但保将来加入会议之权，以待其时之折冲可也。日本于交战伊始，即附以归还中国为目的之文句于其最后通牒之中，虽青岛既下，一般日本国际法学者争主张此文句已失其效，然即此愈见此项文句之来历，当于日、德战前之日、英交涉有一段历史，即愈见日本将来之不能弃国际宣言若敝屣。日本政府既自知其不能常此保有，乃取避名居实之计，以归还青岛为饵，给吾外交当局。不图我政府果中其计，与之交涉，约山东沿岸不割让何国，与以铁路借款优先权，并开放沂州、济宁、德州等要地十一所为商埠，从兹尼峰邹峄之乡，泱泱表海之国，又为木屐儿安乐之天府，而山左之同胞苦矣。且当欧战未结之际，受日本之形式归还，将来德国必有责言，吾又何辞以对，吾又何恃以为抗？纵将山东权利全部还我，今日受之，犹且未可，况徇虚名而受实祸，甘为日本效傀儡之勤劳，政府苟不慎审及此，异日噬脐，嗟何及哉！

（乙）南满问题　此次交涉结果，关于南满洲者，几与割让领土权无异。盖旅大及南满、安奉二路之租借期延长，自租借时起，为九十九年。吉长铁路之管理经营，亦归日本掌握，其他重要行政之顾问权，种种借款之优先权，九处矿山采掘权，内地杂居营业权，土地租借权，治外法权，均皆囊括无遗。日本朝野十年以来处心积虑求之而未能者，今于谈笑指顾间得之，其欣喜为何如者。然而白山黑水间之华裔死无葬身之地矣！

（丙）东蒙问题　东蒙界域，虽未知若何划定，据中国宣布之公文，当为奉天属之一部，与热河道辖之一部，此次交涉，许以合办事业，借款优先权，并开放商埠若干处，日本势力，骎骎乎入畿辅重地矣。

（丁）汉冶萍问题　今此强国之要素，厥惟煤铁。汉冶萍产煤铁甚丰，造兵造船，莫不资为宝库。日本欲垄断之，绝我国武器之渊源，使我永无恢复旧物之希望。以一时经营未善，遽借外资，结造今日之孽缘，回思往事，能勿痛心！呜呼！外债真亡国之媒也。

（戊）福建问题 日本既于汉冶萍公司得有垄断权，足断我国兵器之渊源，制我国军政之死命，犹虑海军或尚有一线之生机，亦求所以绝之。遂于福建省限制我国借外资建造海军港湾，兴办造船所，并惧许他国以海军根据地、煤炭贮蓄所，我国亦悉允之。甲午一败之后，海军残舰，已无可言，今并其未来之命运而亦斩之矣。

（己）第五项悬案问题 第五项之所以列为悬案者，乃由其要索条件为列强所侦知。美国以利害相关尤切，且与路特高平觉书，及去年日本攻青岛前之约束相背，美以未入战争之潮流，稀有东顾之暇，遂得向日本为严重之质问，英国亦以扬子江铁路问题相为尼阻，乃得置为悬案。日本于此，颇惧操之过激，招列强之反感，然其念固仍未断也。观其加藤外相答复某议员之质问，公然声明异日仍求解决。但其有解决之机会与否，纯以欧洲战争之形势为断。苟欧洲兵火，连车不休，则日本即举我中国存亡问题视为悬案以自由处分之，亦或无所忌惮。盖纵无所借口，势之所许，又何不可，况于约章明订为悬案者乎？惟望我朝野，励精图治，以豫防此祸根之萌发，而与之为最后之一决也。

总之，此次日本要索之主的，对于吾国，则断绝根本兴复之生机，毁灭国家独立之体面，使我永无自存图强之实力。对于列国，则阴削其极东之势力，既得老使之减损，未得者豫为防遏，得志则称霸东方，不得志则以我国为嫁祸之所。即如“中国沿海不割让何国”之宣言，日本所以迫我为此者，意果何居？使我国而有此实力者，即无宣言，他国岂能强索？苟无实力，纵宣言万遍，宁有丝毫效果，足遏列强之雄心？此殆日本诡谲之阴谋，以备万一欧洲战后，列强中有欲求偿于中国以抵制日本势力于东方者，彼且有辞以进而再事强索于我，以为瓜分中国时多获权利之地步耳。且日本此次于中国获得之权利，占世界各国之优势，欧洲战后，攘臂东来，必且忌妒之而暂求偿于中国喘余之微命，势必形成一亚东之新均势。此新均势之实质，将与瓜分之境相去不远。所以暂留一步者，西方各国方疲命于巴尔干战局之中，元气未复，不愿骤兴兵争于东大陆也。迨其国力稍见充实，终必出于一战，以解决中国问题，而为权利分配之裁判。然则日本今番之行动，吾人认为异日瓜分之戎首可也。吾于最后，欲为一言：政府果不愿为亡国之政府，则宜及早觉悟其复古之非，弃民之失，速与天下更始，定根本大计，回复真正民意机关，普及国民教育，实行征兵制度，生聚训练，以图复此深仇奇辱。国民而不愿为亡国之国民，亦宜痛自奋发，各于其本分之内，竭力振作其精神，发挥其本能，锻炼其体魄，平时贡其知能才艺于社会，以充足社会之实力，隐与吾仇竞争于和平之中；战时则各携其平时才智聪明素积之绩效，贡其精忠碧血于国家。吾辈学生，于国民中尤当负重大之责任，研究精神上之学术者，宜时出其优美之文学，高尚之思潮，助我国民精神界之发展；研究物质上之学术者，宜时摅其湛深之思考，施以精巧之应用，谋我国军事工艺器械之发达。诚以精神具万能之势力，苟克持之以诚毅，将有伟大之功能事业。基于良知一念之微明，则曹沫雪辱，勾践复仇，会有其时。堂堂皇帝之子孙，岂终见屈于小丑！前此四千余年，吾民族既于天演之中，宅优胜之位置，天道未改，种性犹存，胡竟昔荣而今枯，昔畅而今萎。或者盛衰剥复之几，此暂见之小波澜，正为多难兴邦，殷忧启圣之因缘，惟国民勿灰心，勿短气，勿轻狂躁进，困心衡虑，蕴蓄其智勇深沉刚毅果敢之精神，磨炼其坚忍不拔百折不挠之志气，前途正自辽远。光明缉熙之运，惟待吾民之意志造之，惟赖吾民艺实力辟之。吾民惟一之大任，乃在迈往直前，以应方来之世变，成败利钝，非所逆计。吾信吾国命未必即此终斩，种性未必由此长沦也。愿我国民，善自为之！

1915 年 6 月

“国耻纪念录”

署名：李大钊

警告全国父老书

寅卯之交，天发杀机，龙蛇起陆，娵訾鹑火。战云四飞，倭族乘机，逼我夏宇。我举国父老兄弟姊妹十余年来隐忧惕栗，梦寐弗忘之亡国惨祸，挟欧洲之弹烟血雨以俱来。噩耗既布，义电交驰。军士变色于疆场，学子愤慨于庠序，商贾喧噪于廛市，农夫激怒于畎郊。凡有血气，莫不痛心，忠义之民，愿为国死。同人等羁身异域，切齿国仇，回望神州，仰天悲愤。以谓有国可亡，有人可死，已无投鼠忌器之顾虑，宜有破釜沉舟之决心。万一横逆之来，迫我于绝境，则当率我四万万忠义勇健之同胞，出其丹心碧血，染吾黄帝以降列祖列宗光荣历史之末页。事亟寇际，危险万状，谨陈斯义，布于有众，皇天后土，实式凭之。

呜呼，吾中国之待亡也久矣！所以不即亡者，惟均势之故。前此痛史，姑不殚述。亟摄厥要，断自甲午。列强在华，拔帜竖帜，均势之局，乃具规模，以中国泱泱万里，天府之区，广土丰物，迈绝寰宇，任何一国，欲举而印度之，势所弗许。即欲攘我权利，亦辄为他国所遏，群雄角逐，赖以苟安。故欲夷我如卢克森堡、比利时者，亦所不能。惟足燕幕之惨，志士寒心，牛后之羞，壮夫切齿，诚以寄生即亡国之基，履霜乃坚冰之渐也。甲午之战既终，日人挟其战胜之余威，索我辽东半岛。外交黑幕，捭阖纵横；坛坫樽俎之间，乃不得不有所迎拒以国一时之牵制。而引狼拒虎之祸，势又缘兹以起，且至不可收拾。卡西尼中俄密约之结果，旅大租于俄，广州租于法，威海租于英，胶州租于德。意大利闻而生心，亦欲据我三门湾。自是卧榻之侧，有他人鼾睡之声，独立之邦，伏列强割据之迹。若则齐躯竞进，若则单骑独行，铁路告成，矿山斯去，军旗所至，商旅遂来。中更庚子之乱，日俄之争，外力益以潜滋，势力略有转易。凡其利权垄断之域，辄扬势力范围之言，均势之界愈明，瓜分之机愈迫；英之于西藏及长江流域也，俄之于外蒙、伊犁也，日之于福建、南满也，法之于滇，德之于鲁也。或由战胜攻取，或由秘密缔约，或由清廷断送，或由列国协谋，均于其所志之地，攘得不让他国之特权。故扬子江流域者，英视为其势力范围也，而有粤汉、川汉二路之四国借款以间之，日本亦于汉冶萍公司及南浔铁路享有投资之权利。满洲者，日、俄视为其势力范围也。而美前国务卿诺克士有满铁中立之提议，同时，中国亦与英、美有爱锦铁路借款之商榷。虽皆厄于日、俄而未果，而其变相则为四国借款，以振兴满洲实业，改革满洲币制为其用途。磋商妥洽，将有成议，而滔滔江汉，革命怒潮，掀天以起，兹事竟寝。革命战后，剜肉补疮，犹患弗给，乃大举借款，以铁路作抵。列强在华之经济势力益密，经纬参差，纤维若织，中国等于自缚之春蚕，列强如争食之饿虎。然均势之基，固未动摇也。是则致中国于将亡者，惟此均势；延中国于未亡者，惟此均势；迫中国于必亡者，亦惟此均势。此列强在华中世之概观，世指为远东问题者也。同时其纷纭杂沓，有与之同符者，即所谓近东问题是。奥斯曼利土厥（即土耳其）帝国之兴也，飘飘半月旗，一挥而蔽欧洲之日月。自十七八世纪以还，一败于奥，再屈于俄，国势日促，外患既不可遏，内忧又复棼乘。巴尔干诸小邦，或前属行省，或久列藩封，以历史所遗种族宗教之痕印，历久未湮，根本一弱，遂纷纷畔离，谋所以自树。列强于此，则利用其种族之感情，阴操其宗主之权，大日耳曼主义与大斯拉夫主义之二大暗流，冲激摩荡，轧轹不已。彼一国一族之隆替，与之连封接壤者，即属异类殊族，亦莫不同其休戚。于是各从其利害之所同，而有三国同盟与三国协商之对抗，三同盟国者，德、奥、意也，三协商国者，英、法、俄也，以保一时之均势，以郁全欧之暗云。此近东之均势，又遥与远东之均势相为呼应，以成世界全局之均势。牵一发，则全身俱动，若待爆之火山，若奇幻之魔窟，风云万变，光怪陆离。巴尔干风鹤一惊，列强莫不皇皇焉戒惧以临，若大难之将至。盖企平和于均势之局，犹厝火积薪以求安也。近年巴尔干两次战争，列强相戒，勿事干涉，虽能幸免于乱。今以奥储一滴之血，塞人一弹之光，霹雳一声，天惊石破。举世滔天之祸，全欧陆沉之忧，遂汹涌于巴尔干半岛之一隅。余波所及，更与极东之沉沉大陆相接。正如铜山东崩，洛钟西应，而呱呱堕地之中华民国，遂无安枕之日，此欧洲大战及于极东均势之影响也。民国肇造，邦基未安，方期举我全国刚毅强固之人心，尝胆卧薪之志气，艰难缔造，补苴弥缝。内之巩我邦家于金瓯磐石之安，外之与世界各友邦共臻和平康泰之盛运。何图天意难知，祸机卒发，奥、塞构兵于前，德、俄攘臂于后，英、法牵于协商之义，突厥（土耳其）念其累世之仇，黑山国（门的尼哥罗）则救助同族，比利时则捍卫中立，前后数月间，相率沦溺于战祸洪流之中而勿容自拔。我中华民国，爱人类之平和，闵友邦之殃厉。乡人有斗，披发缨冠，同胞瓦仇，宁容坐视。当夫战牒纷传，羽书四达，我政府体国民维持人道之众意，亦尝东顾日本，西讯彼美，蕲斯三邦携手，近维东亚之大局，远解西欧之惨变。日本阳诺阴违，机谋诈变，假日、英同盟之虚名，报还附辽东之旧怨，朝发通牒，夕令动员，师陈黄海之滨，炮击青岛之垒。夫青岛孤悬一隅，德人不过几千，兵舰不过数艘，仅足自卫，乌敢犯人。讵能扰乱东亚之平和，阻塞过商之要路，日本必欲取之者，非报德也，非助英也，盖欲伺瑕导隙，借以问鼎神州，包举禹域之河山耳。溯自日、俄战后，旅大移租，三转见并，南满实权，亦归日人掌握，殖民则任意经营，筑路则自由行动，关东有都督之设，铁路为军人所司，黑水白山俨非我有。夫鲁之有胶、澳，辽之有旅顺，相犄角而镇渤海之门户。旅顺失则辽东不保，胶、澳失则齐鲁亦危。旅顺与胶、澳，尽为日本所据，则扼燕京之咽喉，撼中国之根本，而黄河流域，岌岌不守矣。今日本乘欧人不暇东顾之时，狡焉思启，作瓜分之戎首，逞吞并之野心，故其进攻青岛，迟迟吾行，沿途淫掠，无所弗至，杀戮我人民，凌辱我官吏，霸占我电局，劫发我公库。我政府勉顾邦交，再三隐忍，不得已而划交战区域，冀其蛮行稍有所限制。我国民茹痛吞声，亦勉遵政府之命令，多所供其牺牲。日本犹不自足，更进而强劫胶济铁路，军士肆其横暴，意欲挑起衅端，思得口实，试其戈矛。我国廉知其谋，咽满腔之血泪，忍切肤之奇痛，百般横逆，一味屈从，两国邦交，幸无枝节。青岛既陷，方谓一幕风云，暂可中止，我政府遂向各国宣告交战区域之撤去，本其固有之权，与所应为之事；而在交战期间，对于双方竭诚相与，无人右袒，严守局部中立之义务。凡在友邦，当所共鉴，纵欲加罪，宁复有辞。而孰知竟以撤去交战区域撄日本之盛怒，谓为辱其国体，挟其雷霆万钧之势，迫以强暴无理之条。全案内容，虽未确知，东西报章，已揭其要，析为四项，凡十九条，谨节原文最举于下：

（甲）南满洲及东蒙古

一，辽东半岛之租借，自一九一五年起，展期九十九年；

二，南满洲铁路条约，延长九十九年；

三，南满洲警察行政权；

四，日本人在南满洲应得居住经商及购置田地之自由；

五，安奉吉长铁道租借条约，延长九十九年；

六，承认内蒙古（即东蒙）为日本独享之势力范围；

（乙）山东

七，胶济铁路及所有德国在山东之矿山铁路实业，须无条件的让与日本；

八，烟潍铁路及龙口支路之建筑权；

（丙）福建

九，承认福建为日本独享之势力范围；

一〇，自福建至江西、湖南之铁路建筑权；

一一，福建省内所有矿山铁路及其他实业，应归日本与中国合资兴办；

（丁）一般的要求

一二，中国陆海军应聘用日本人为教练官；

一三，中国财政教育交通各部，应聘用日本人为顾问；

一四，中国学校之教授外国语者，应教授日本语；

一五，汉冶萍盛宣怀借款之事，应办理清结；

一六，凡授给矿山铁路及其他工业之特权时，应询问日本之意见；

一七，若中国有内乱时，应求日本武力之辅助，日本亦担负中国秩序之维持；

一八，煤油特权让与日本：

一九，开放中国全部，使日本人自由经商。

凡兹条款，任允其一，国已不国。况乃全盘托出，咄咄逼人，迫之以秘密，胁之以出兵，强之以直接交涉，辱我国体，舆论激昂，则捏词以诬之；国民愤慨，则造谣以间之。不曰独探，辄曰收买，忽而离间，忽而煽动，一若吾国人皆鹿豕之不如，尽金钱之可贿。至彼报章横议，主兴问罪之师，政社建言，促行解决之策，欲举其详，难更仆数。此日本乘机并吞中国之由来，吾人所当镌骨铭心，志兹深仇奇辱者也。日本既发此大难，中国不敢于坐亡，日复一日，势必出于决裂。彼有强暴之陆军，我有牺牲之血肉；彼有坚巨之战舰，我有朝野之决心。蜂虿有毒，而况一国，海枯石烂，众志难移。举四百余州之河山，四万万人之坟墓，日本虽横，对此战血余腥之大陆，终恐其食之不下咽也。且极东突有震动，欧战必亟议和，群雄逐逐，马首东回，德报新仇，俄修旧怨，美有邻厚之虞，英有弃盟之势，万矢一的，以向日本，而以我中原为战场，中国固已早亡，日本岂能幸免。苟至于此，黄种沦于万劫之深渊，皙人独执世界之牛耳，野心勃勃之日本，果安在哉！嗟彼日人，阴贼成性，当民国初建之际，挑兄弟阋墙之机，射影含沙，无所不至。双方蛊以顾问，百计施其鬼谋，欺我政府，愚我黎庶。凡兹岛国之阴谋，尽成一家之痛史，创痕犹在，前事未忘。今更恃强挟迫，无理要胁，大欲难填，野心不死，是不义也。且维持东亚平和，保全中国领土，日、英既有成言，举世实闻此语。今遽背盟爽约，躬为破坏东亚平和，吞并中国领土之戎首，而无所于恤，为世界扰乱之媒，酿未来大战之祸。今日既种恶因，异时焉有善果。戕贼人道，涂炭生灵，是不仁也。恶因既种，后祸难逃。直接以贾中国之怨者，间接以树列国之敌。今日以之亡中国者，异日即以亡其日本，是不智也。响者日本对德恭顺备至，一旦卒遭大难，遽而反颜。趁火行劫，强盗所耻，堂堂国家，且又过之，是不勇也。查其对德通牒有云，以还付中国为目的，以欺世人耳目。曾几何时，青岛既下，牒章之墨未乾，汶阳之田不返，因得陇而望蜀，遂雨复而云翻。世俗相交，犹重然诺，国际宣言，弃若敝屣，是不信也。此不义、不仁、不智、不勇、不信之行为，于日本为自杀，于世界为蟊贼，于中国为吾四万万同胞不共戴天之仇雠，神州男子，其共誓之！

抑日本蕞尔穷岛，力非能亡我中国者。国人而不甘于亡，虽至今日，犹可不亡；国人而甘于亡，则实中国有以自亡耳，何与日本！忆昔甲午痛创，艨艟巨舰，旌旗蔽空，横槊临江，威震海表，纵不能称雄一世，以与敌较，数倍其力，宜可以摧拆强邻，威加三岛，乃竟一战而败，尽歼于敌，国威自此一蹶不可复振。日、俄战后，敌气益炽。青岛之役，有如昨日，吾关东山左之父老，惊窜流离，死不得所。他如二辰丸之鸣炮升旗，五警士之死不瞑目，非分相干，有加无已，一日纵敌，数世之患。呜呼！岂止数世而已哉！曩者去国，航海东来，落日狂涛，一碧万顷，过黄海，望三转故墟，追寻甲午复师之陈迹，渺不可睹。但闻怒潮哀咽，海水东流，若有殉国亡灵凄凄埋恨于其间者。居东京，适游就馆，见其陈列虏夺之物，莫不标名志由，夸为国荣。鼎彝迁于异域，铜驼泣于海隅，睹物伤怀，徘徊不忍左。盖是馆者，人以纪其功，我以铭其耻；人以壮其气，我以痛其心。惟有背人咽泪，面壁吞声而已。言念及此，辄不胜国家兴亡之慨，而痛恨于前清末季，民国初年，朝野上下之忘仇寡耻，徒事内争，颓靡昏罔之人心也。夫有一经创辱，痛自振励，起未死之人心，挽狂澜于既倒，则今日欧洲莽怪之风云，宁非千载一时、睡狮决起之机，以报累代之深仇，以收已失之土地，从此五色国徽，将亦璀灿光耀于世界。徒以清之君臣，酣嬉自废，畛域横分，民国承之，操戈同室，时机坐误，去复何言！国人及今而犹不知自觉，犹不急起而为生聚训练之谋，来者视今，恐犹今之视昔，炎黄远裔，将沦降于永劫不复之域，而灭国之仇，夷族之恨，真天长地久，无复报雪之期矣！呜呼同胞！亦知今世亡国之痛乎？印度之灭也，英人役之以充兵，驱之以赴敌，出印人之血肉，为英族之牺牲，吁天无路，牛马长沦。乃若安南亡于法，朝鲜并于日，其墐户无天，避秦无地之惨剧，尤为见者心酸，闻者发指。昔者改姓易代，兴亡倏忽，而一二遗老孤臣，不忍见宗社之倾，君父之辱，犹或黄冠草履，歌哭空山，乱礁穷岛，相望欲泣，亦欲抱残经于学绝之交，存正朔于危难之际，虽至势穷力尽，卒无变志灰心，杀身成仁，刎颈殉国，流离转徙，客死天涯。宋之文山、叠山，明之苍水，舜水，垂于史册，炳如日星。矧今之世，允非昔比，国社为墟，种族随殄，亡国新法，惨无人理。君子有猿鹤之哀，小人罹虫沙之劫。空山已无歌哭之地，天涯不容漂泊之人。犹太遗民，梦怀故国，文豪富贾，屡出其热烈之文章，宝贵之黄金，以求一地，聚族而居，累世远谋，卒无所成。韩社既屋，安重根以哈宾之弹，当博浪之椎，虽此一滴刚正之血，未尝不足以点缀其黯淡无光之广同痛史。然而枯藤可断，十三道之江山不可复保矣。呜呼，同胞！值此千钧一发之会，当怀死中求活之心，最后五分，稍纵即逝，过此以往，皆凄凉悲惨之天地也。然则吾国民于今日救国之责，宜有以仔肩自任者矣。

吾国民今日救国之责维何？曰，首须认定中国者为吾四万万国民之中国，苟吾四万万国民不甘于亡者，任何强敌，亦不能亡吾中国于吾四万万国民未死以前。必欲亡之，惟有与国同尽耳。顾外交界之变幻，至为诡谲，吾国民应以锐敏之眼光，沉毅之实力，策政府之后，以为之盾。决勿许外敌以虚喝之声，愚弄之策，诱迫我政府，以徇其请。盖政府于兹国家存亡之大计，实无权以命我国民屈顺于敌。此事既已认定，则当更进而督励我政府，俾秉国民之公意，为最后之决行，纵有若何之牺牲，皆我国民承担之。智者竭其智，勇者奋其勇，富者输其财，举国一致，众志成城。胜则此锦绣之江山可保，而吾祖宗袭传之光荣历史，从此益可进展于无穷。败则锦绣之江山虽失，而吾祖宗袭传之光荣历史，遂结束于此。葆有全始全终之名誉，长留于宇宙之间，虽亡国杀身，亦可告无罪于我黄帝以降列祖列宗之灵也。河岳镇地，耀灵炳天，血气在人，至刚至大。九世之深仇未复，十年之胆薪何在！往者不谏，来者可追，愿我国民，从兹勿忘此弥天之耻辱可耳。泣血陈辞，不知所云。

留日学生总会李大钊撰

1915 年

按油印原件刊印

厌世心与自觉心

（致“甲寅”杂志记者）

记者足下：

前于大志四期独秀君之“爱国心与自觉心”，风诵回环，伤心无已！有国若此，深思挚爱之士，苟一自反，要无不情智俱穷，不为屈子之怀沙自沉，则为老子之骑牛而逝，厌世之怀，所由起也。有友来告，谓斯篇之作，伤感过甚。政治之罪恶既极，厌世之思潮，隐伏于社会，际兹晦盲否塞之运，哀哀斯民，谁则复有生趣，益以悲观之说，最易动人心脾。最初反问，我需国家，必有其的，苟中其的，则国家者，方为可爱。设与背驰，爱将何起？必欲爱之，非愚则妄。循是以进，自觉之境，诚为在迩。然若所思及此而止，将由兹自堕于万劫不复之渊，而以亡国灭种之分为可安，夫又安用此亡国灭种之自觉心为也。愚惟独秀君构文之旨，当不若是。观其言曰：“国人无爱国心者，其国恒亡；国人无自觉心者，其国亦殆。”似其言外所蓄之意，未为牢骚抑郁之辞所尽也。厥后此友有燕京之行，旋即返东。询以国门近象，辄又未言先叹曰：“一切颓丧枯亡之象，均如吾侪悬想之所能及，更无可说。惟兹行颇赐我以觉悟，吾侪小民，侈言爱国，诚为多事。曩读独秀君之论，曾不敢谓然，今而悟其言之可味，而不禁以其自觉心自觉也。”是则世人于独秀君之文，赞可与否，似皆误解，而人心所蒙之影响，亦且甚巨。盖其文中厌世之辞，嫌其泰多；自觉之义，嫌其泰少。愚则自忘其无似，僭欲申独秀君言外之旨，稍进一解。诚以政俗靡污，已臻此极，伤时之士，默怀隐痛，不与独秀君同情者，宁复几人！憔悴行吟，怅然何之！欲寻自觉之关头，辄为厌世之云雾所迷，此际最为可怖，所述友言，即其征也。他人有心，予忖度之，妄言梗喉，不吐不释，独秀君其许我乎？国家善恶之辨，古今学者，纷纷聚讼，亚里士多德、柏拉图、黑智儿诸人，赞扬国家之善，装璜备至。自然法派，则谓为必要之罪恶，而昌无治之义者，辄又遮拨国家，几欲根本推翻，不稍宽假。此事诉于哲理，太涉邈玄，非本篇所欲问。惟就今世论今世。国家为物，既为生存所必需，字以罪恶，未免过当。至若国家目的，东西政俗之精神，本自不同。东方特质，则在自贬以奉人；西方特质，则在自存以相安。风俗名教，既以此种特质精神为之基，政治亦即建于其上，无或异致。但东西文明之融合，政俗特质之变革，自赖先觉者之尽力，然非可期成功于旦夕也。惟吾民于此，诚当自觉。自觉之义，即在改进立国之精神，求一可爱之国家而爱之，不宜因其国家之不足受，遂致断念于国家而不爱。更不宜以吾民从未享有可爱之国家，遂乃自暴自弃，以侪于无国之民，自居为无建可爱之国之能力者也。夫国家之成，由人创造，宇宙之大，自我主宰，宇宙之间，而容有我，同类之人，而克造国。我则何独不然？吾人苟不自薄，惟有本其自觉力，黾勉奋进，以向所志，何时得达，不遑问也。若夫国家兴亡，比族消长，历史所告，沧桑陵谷，迁流罔极，代兴代亡者，然其非一姓氏一种族也。秦皇、元代之雄图，波斯、罗马之霸业，当其盛时，丰功伟烈，固莫不震赫于当世。曾几何时，江山依旧，人事全非，英雄世主之陈迹，均已荒凉沦没于残碑断阙之间，杳如烟雾，不可复识，所谓帝国宏规者，而今安在哉！是故自古无不亡之国，国苟未亡，亦无不可爱之国，必谓有国如英、法、俄、美而后可爱，则若而国者，初非与宇宙并起，纯由天赐者。初哉首基，亦由人造，其所由造，又罔不凭其国民之爱国心，发挥而光大之，底于有成也。既有其国，爱固不妄。溯其建国伊始，或纵有国，而远不逮今，斯其爱国，又将云何！复次谓朝鲜、土耳其、墨西哥乃至中国之民，虽有其国，亦不必爱，则是韩并于日，土裂于人，墨联于美，或尚足夸为得所。如吾国者，同一自损，更何所择，惟有坐以待亡，听人宰割，附俄从日，惟强者之威命是听，方为得计。斯而可乐，人间更有何事足为畏怖？愚不识斯时果有何幸福加于国家尚存残体之时，并不识斯时自甘居亡国奴地位以外，究有奚裨助于吾侪者。独秀君之所谓自觉心者，必不若是矣。

恶政苦民，有如猛虎，斯诚可痛，亦宜亟谋所以自救之道。但以校失国之民，犹为惨酷，殆亦悲观过激蔽于感情之辞。即果有之，亦不过一时之象，非如亡国惨劫，永世不复也。昔有文人Souvestre者，尝游巴黎，感怀所触，著为笔录。曾纪一日漫游曲巷，目击穷苦细民，杂处蓬窦，褴褛曝日，风飘蔽牖，泥沟流秽，臭气逼人。亦有孤客，愁死他乡，累然一棺，零丁过市，北邙委骨，狐狸食之，泉台咽恨，幽魂何依！感此惨象，归而永叹，辄谓人世悲苦，真不如草木之无知，鸟兽之自得也。迨见梁前燕子，雏偕分飞，中有弱稚，弃于故巢，绕室哀鸣，母燕不顾，呢喃自啭，竟以僵死。以视人间母子之爱，海枯石烂，卒无穷期者，判若天渊矣。则又憬然曰："佳儿慈母，例证若斯，其足令人反省，使仍乐为人类者，何其深也。一时激于厌世之思，则羡蛮貊之人为幸运，谓以人而不如飞鸟之回翔自得，但平允之明察，旋即轨似是而非之念于正理。试深考之，当知人性于善恶杂陈之间，善量如此之宏，乃以惯见而不觉，恶一感人，辄全觉之，以其为善之例外也。”（见所著 An Attic Philosopher in Paris 第八章 Misanthropy and Repentance）与其于恶国家而盲然爱之，诚不若致国家于善良可爱之域而怡然爱之。顾以一时激于政治之恶潮，厌倦之极，遽祈无国，至不惮以印韩亡国之故墟，为避世之桃源，此其宅心，对于国家，已同自杀，涉想及此，亦可哀已。第平心以思，国苟残存，善之足以庇民而为惯见不觉者何限，其恶之为吾人所不耐者，乃以其为善之例外，感而易察。反之亡国之境，甘苦若何，印韩之民，类能道之。万一不幸，吾人而躬蹈其遇，亲尝其苦，异日者天涯沦落。同作亡民，相逢作楚囚之泣，或将兴狐兔之悲矣。吾人今日取以自况，而羡为善者，殆以为其恶之例外耳。故吾人自愧于印韩之民，乃与厌世者之憎恶人间，以为不如草木鸟兽之无知者，出于同一之心理。是当于厌倦（Misanthropy）之后，继以觉悟（Repentance）纯正之自觉，斯萌发于此时矣。

中国至于今日，诚已濒于绝境，但一息尚存，断不许吾人以绝望自灭。挽近公民精神之进行，其坚毅足以壮吾人之意气人类云为，固有制于境遇而不可争者，但境遇之成，未始不可参以人为。故吾人个得自画于消极之宿命说（Determinus），以尼精神之奋进。须本自由意志之理（Theory of free will），进而努力，发展向上，以易其境，俾得适于所志，则 Henri Bergson 氏之“创造进化论”（Creative Evolution）尚矣。吾民具有良知良能，乌可过自菲薄，全小侪于他族之列。他人之同，既依其奋力而造成，其间智勇，本不甚悬，舜人亦人，我何弗若？必谓他人能之，我殊未必，则此特别之民，当隶于特别之国，治以特别之政，此种论调，客卿尝以之惑吾当局，而若吾民，又何可以此自鄙也。吾民今日之责，一面宜自觉近世国家之真意义，而改进其本质，使之确足福民而不损民。民之于国，斯为甘心之爱，不为违情之爱。一面宜自觉近世公民之新精神，勿谓所逢情势，绝无可为，乐利之境，陈于吾前，苟有为者，当能立致，惟奋其精诚之所至以求之，慎勿灰冷自放也。倘谓河清已叹无期，风云又复卷地，人寿百年，斯何可望！则愚闻之，国之存亡，其于吾人，亦犹身之生死，日人中江兆民，晚年罹恶疾不治，医言一年有半且死。兆民曰："命之修短，宁有定限，若以为短，则百年犹旦夕耳。若以为修，则此一年有半，亦足为余寿命之丰年矣。"遂力疾著书不稍倦。愚今举此，或且嗤为拟于不伦，但哲士言行，发人深省，吾国今日所中之疾，是否果不可为，尚属疑问。即真不可为，犹有兆民之一年有半，为吾民最终奋斗之期，所敢断言。吾民果能谛兆民精勤不懈之意，利此余年，尽我天职，前途当发曙光，导吾民于光华郅治之运，庸得以目前国步之崎岖，猥自沮丧哉！

近者中、日交涉，丧权甚巨，国人愤激，骇汗奔呼。湘中少年，至有相率自裁者。爱国之诚，至于不顾身命，其志亦良可敬，其行则至可闵，而亦大足戒也。国中分子，昏梦罔觉者去其泰半，其余丧心溃气者又泰半，聪颖优秀者，悉数且甚寥寥，国或不亡，命脉所系，即在于是。而今或以精神，或以躯干，纷纷以向自杀之途，人之云亡，邦国殄瘁，国真万万无救矣。然则国家之亡，非人亡我，我自亡之；亡国之与罪，无与于人，我自尸之。少年锐志，而亦若此，是亡国之少年，非兴国之少年也。夫自杀之举，非出于精神丧失之徒，即出于薄志弱行之辈。日本少年，一遭艰窘，只有投华严之泷之本领，哲人每以是薄之。今吾少年，亦欲以湘水之波，拟彼华严之泷，人其又谓我何也。且时日害丧，国耻难忘，充吾人之薪胆精神，迟早当求一雪，即怀必死之志，亦当忍死须臾，以待横刀跃马，效命疆场，则男儿之死，为不虚死。不此之图，一朝之忿，遽效匹夫匹妇之自经沟渎，是人不战而已屈我于无形，曹社之鬼，嘻嘻笑于其侧矣。是皆于自觉之义有未明也。往岁愚居京师，暗杀、自杀之风，并炽于时，乃因蒋某自铳之事，作“原杀”一文以论之。兹复摘录其一节：

> 自杀何由起乎？宇宙万象，影响于人类精神之变化者，至极复杂，渺不知其主因何在也。即如蒋君自杀一端，就蒋个人观之，则出于一时愤激，就其愤激之原因考之，则又原于校事棘手，其影响及于一人，其原因基于一事，其愤激起于一时。若作社会见象观之，则蒋君自杀之见象，实为无量之他种社会见象促动之结果，模仿、激昂、厌倦、绝望，皆其造因，积此种种之心理见象，而缘于一事，发于一朝。其所由来者渐，其所蕴蓄者素，而所以激发此心理见象者，实以有罪恶之社会见象为其对象也。人类行为，有不识不知而从其途辙者，谓之模仿，是乃社会力之一种。今人轻生好杀，相习成风，自清季已然。陈星台、杨笃生诸先辈，均以爱国热诚，愤极蹈海而死，自杀之风，遂昌于国，而接其踵者，时有所闻，则模仿之力也。鄙陬之大，有自裁者，其家人或相继出此，至有以同一方法行于同一场所者，庸俗不察，指为冤魂作祟，抑知此亦模仿之故，然发见此类事实之

家庭，其隐痛必有难言者矣。复次，社会不平，郁之既久，往往激起人心之激昂。光复以还，人心世道，江河日下，政治纷紊，世途险诈，廉耻丧尽，贿赂公行，士不知学，官不守职，强凌弱，众暴寡，天地闭，贤人隐，君子道消，小人道长，稽神州四千余年社会之黑暗，未有甚于此时者，人心由不平而激昂，由激昂而轻生，而自杀，社会见象，激之使然，乌足怪者。夫世之衰也，政俗不良，人怀厌倦之思，忠贤放逐，归隐林泉，其极乃至厌弃人世，饮恨自裁者有之。在昔暴秦肆虐，仲连蹈海，荆楚不纲，灵均投江，一瞑不顾，千古同悲。而清洁之流，不为世容，相率黄冠草履，歌哭空山者，征诸史册，又未可以偻指数。则厌倦浊世，宁蹈东海而死，古今盖有同兹感慨者矣。抑自杀亦为绝望之结果也。自古忠臣殉国，烈妇殉夫，临危尽节，芳烈千秋，此其忠肝义胆，固足以惊天地而泣鬼神。然人见忠臣之殉国也难，而忠臣之所以殉其国也不难；人见烈妇之殉夫也难，而烈妇之所以殉其夫也不难。盖忠臣烈妇之所望于其国其夫者，至恳且厚，既举其毕生之希望，寄于其国其夫，一旦国危夫死，天长地久，绵绵无尽，更安可望者，则殉之以出自裁，其于精神，实觉死而愉快，有甚于生而痛苦者焉。满清末造，吾人犹有光复之希望，共和之希望，故虽内虐外侵，压迫横来，而以有前途一线之望，不肯遽灰其志，卒忍受其毒苦。今理想中之光复佳运，希望中之共和幸福，不惟毫末无闻，政俗且愈趋愈下，日即卑污，伤心之士，安有不痛愤欲绝，万念俱灰，以求一瞑，绝闻睹于此万恶之世也。呜呼！社会郁塞，人心愤慨，至于比极，仁者于此，犹不谋所以救济之方。世变愈急，人生苦痛，且随之益增，而生活艰窘，饥寒更相困迫。佛说天堂，而天堂无路；耶说天国，而天国无门，万象森罗，但有解脱之一路，即自杀是。哀哀禹域，行见其民之相杀自杀以终也。然则求之荒渺，索之幽玄，毋宁各自忏悔，涤濯罪恶，建天堂天国于人世，化荆棘为坦途，救世救人，且以自救，茫茫来纪，庶尚有生人之趣乎！

由斯以谈，自杀之象，其发也虽由一时一事之激动，而究其原，则因果复杂，其酝酿郁积者，固非一朝一夕之故也。今欲遏之，惟望政治及社会，各宜痛自忏悔；而在个人，则对之不可蔽于物象，猥为失望，致丧厥本能，此即自觉之机，亦即天堂天国之胚种也。尤有进者，文学为物，感人至深，俄人困于虐政之下，郁不得伸，一二文士，悲愤满腔，诉吁无所，发为文章，以诡幻之笔，写死之趣，颇足摄人灵魄。中学少年，智力单纯，辄为所感，因而自杀者日众。文学本质，固在写现代生活之思想，社会黑暗，文学自畸于悲哀，斯何与于作者？然社会之乐有文人，为其以先觉之明，觉醒斯世也。方今政象阴霾，风俗卑下，举世滔滔，沉溺于罪恶之中，而不自知。天地为之晦冥，众生为之厌倦，设无文人，应时而出，奋生花之笔，扬木铎之声，人心来复之几久塞，忏悔之念，更何由发，将与禽兽为侣，暴掠强食以自灭也。若乃耽于厌世之思，哀感之文，悲人心骨，不惟不能唤人于罪恶之迷梦，适以益其愁哀。驱聪悟之才，悲愤以戕厥生，斯又当代作者之责，不可不慎也。偶有枨触，拉杂书之，仅以述感，不复成文。惟足下进而教之，余不白。李大钊白。

1915 年 3 月 10 日

“甲寅”杂志第 1 卷第 8 号

民彝与政治

民彝何为而作也？大盗窃国，予智自雄，冯借政治之枢机，戕贼风俗之大本。凡所施措，莫不戾乎吾民好恶之常，而迫之以党于其恶。迨已极其暴厉恣睢之能事，犹恐力有弗逮，则又文之以古昔之典诰，夸之以神武之声威，制之以酷烈之刑章，诱之以冒滥之爵禄，俾其天赋之德，暗然日亡，不得其逻辑之用，以彰于政治，而伦纪宪章，失其常矣。呜呼！此其所系，讵止一时之安危治乱而已哉！书曰："天视自我民视，天听自我民听。"视听之器，可以惑乱于一时，秉彝之明，自能烛照夫万物。如铸禹鼎，如燃温犀，罔两么麽，全形毕现。究之，因果报偿，未或有爽。向之盗劫民彝罔惑民彝者，终当听命于民彝而伏诛于其前，则信乎正义之权威，可以胜恶魔，天理之势力，可以制兽欲也。诗云："天生烝民，有物有则。民之秉彝，好是懿德。"[①] 言天生众民，有形下之器，必有形上之道。道即理也，斯民之生，即本此理以为性，趋于至善而止焉。爰取斯义，锡名民彝，以颜本

① "诗""大雅""烝民"章。

志。一以示为治之道，在因民彝而少加牖育之功，过此以往，即确信一己所持之术足以福利斯民，施之实际亦信足以昭其福利，极其越俎之害，必将侵及民彝自由之域，荒却民彝自然之能，校量轻重，正不足与其所被之福利相消，则毋宁于牖育之余，守其无为之旨，听民之自器其材，自踏其常，自择其宜，自观其成，坦然以趋于至当之途之为愈也。一以见民彝者，吾民衡量事理之器。藏器于躬，待时而动，外界所加之迷惑迫压，如何其棼且重，彼自有其纯莹之智照，坚贞之操守，有匪先民之典谟训诰所能繄障以尽，奸雄之权谋数术所能劫持以穷也。方今求治之道虽广，论治之言虽庞，而提纲挈领，首当审谛兹理，以为设施。违此则去治日遥，泯棼之端，且惧迭起环生之无已矣。

诠“彝”之义，古有殊训。一训器：宗彝者宗庙之常器也。古者宗法社会时代，即祭即政。盖政莫始于宗庙，地莫严于宗庙，器亦莫重于宗彝也。故称其重者以概其余而为百器之总名。有祭器焉，有享器焉，有养器焉，有藏器焉，有陈器焉，有好器焉，有征器焉，有从器焉，有旌器焉，有约剂器焉，有分器焉，有赂器焉，有献器焉，有媵器焉，有服器焉，有抱器焉，有殉器焉，有乐器焉，有儆器焉，有重器焉。国家于冠、昏、丧、祭、征讨、聘盟、分封、赂献、旌功、平讼诸典，必以器从。① 是器乃为国家神明尊严之所托，有敢窥窃神器者，律以叛逆。周之衰也，楚人问鼎之轻重，王孙满严辞绝之，春秋嘉其功焉。古之灭人国者，迁其重器，此名与器所由不可以假人也。商器之文，不过象形指事而已。周器之文，乃备六书，乃有属辞。其有通六书、属文辞、载钟鼎者，皆雅材也。制器能铭，居九能之一。凡

① 见“龚定盦续集”卷一，“说宗彝”。

古文可以补今许慎书之阙，其韵可以补雅颂之隙，其事可以补春秋之隙，其礼可以补逸礼，其官位、氏族可以补世本之隙，其言可以补七十子大义之隙。三代以上，无文章之士，而有群史之官。群史之官之职，即在以文字刻之宗彝。[①] 是则宗彝至于有周，不啻文史、舆诵、箴规、典要之渊源。殆如罗马十二铜表[②]之类，固不徒供金石家鉴定之资而已。余今举此，非故罗列古光古色，以坟冢窟藏之物眩惑吾二十稘国民之耳目，如古董论者之所为；乃以疏证文义之初，明古者政治上之神器在于宗彝，今者政治上之神器在于民彝。宗彝可窃，而民彝不可窃也；宗彝可迁，而民彝不可迁也。然则民彝者，悬于智照则为形上之道，应于事物则为形下之器，虚之则为心理之澄，实之则为逻辑之用也。彝亦训常，“书”“洪范”云：“彝伦攸叙。”彝伦者，伦常也，又与夷通用。老子云：“大道甚夷，而民好径。”[③] 夷，平也。为治之道不尚振奇幽远之理，但求平易近人，以布帛菽栗之常，与众共由。所谓以其易饱易暖者自过吾之身，以其同饱同暖者同过人之日，故能易简而得理，无为而成化也。盖非常之原，黎民惧焉，庸言庸行，匹夫与知。以非常之政术，增庸众之迷惑，以非常之教令，重庸众之桎梏，虑其闻见不熟，或将未寤而惊也，动止不安，或将絷而颠且仆也。吾国求治之君子，每欲以开明之条教，绳浑噩之编氓，依有方之典刑，驭无方之群众。己所好者，而欲人之同好，己所恶者，而欲人之同恶。有诸己矣，而望人之同有，无诸己矣，而望人之同无。抑知此一身之好恶非通于社会之好恶也，此一身之有无非通于社会之有无也。今以一身之好恶有

---

① 见“龚定盦续集”卷三，“商周彝器文录序”。

② Twelve Tables。罗马法典名。

③ 老子：“道德经”。

无制为好恶有无之法，以齐一好恶有无不必相同之人，是已自处于偏蔽之域，安有望于开明之途也！任其好同恶异之性，施其强异从同之权，擅权任性，纵其所之，别白太纷，争攘遂起，同者未必皆归，异者从此日远，而政以乖方，民以多事矣。此好同恶异之性所以不可滋长，强异从同之事所以宜加痛绝也。[①] “诗”云：“天之牖民，如埙如篪，如璋如圭，如取如携。携无曰益，牖民孔易。民之多辟，无自立辟。”[②] 是知牖民之道，在因其天性之和合，而浚发其资能之所固有，如量以显，勿益其所本无，以求助长之功，则其效易睹。盖人生有欲，政治亦达其欲之一术耳。民之罹于辟者，原自多端，不因性以为法，而立法以禁欲，则是辟自我立，不因乎人。但求其同，不容其异，专制之源而立宪之反，其结果必至法网日密，民命日残，比户可诛，沿门可僇也。欧洲当中世之际与改革之初，人之演用魔术而触法以死者累千累万，为其演用之者，不论谁何，皆害天人之法也。然其时，对于魔术之信念，颇踞坚厚之势，于象心之中，故虽诉之刑僇，亦无能减其演用与对之之信念。新旧教坛之疾呼，民政官司之竭力，其于禁遏魔术之演用，均无效力。惟至数辈明达，简明以示其理，谓兹世绝无演用魔术其事，以无魔术其物，故其事乃止。寻其舛误，乃在诉由误解而动作之人于刑，与听诉人为其实际所不能为之事而后因之以为惩责焉。[③] 夫非常之法，其于民也，背逆其生之常态，实与绝无是物之魔术相等。今以魔术迫之使行，不用则从而刑之僇之，此其为害尤甚于欧洲中世之禁用魔术者远矣。彼其非常之法，果为政治之良图，而离于其民，已失其本然

① 参阅“甲寅”第一期，秋桐君“政本”。

② “诗”“大雅”“板”章。

③ 参阅 Hedges，“Common Sense in Politics” p. 8—9.

之价值，不能收功，反以贻害，况以譸张为幻，鬼蜮阴行，躬演盗国欺民之魔术，陆离光怪，莫可名状者，而犹靦颜以白于众曰，此民意也，此国情也，此长治久安之道也，此救国救民之心也。呜呼！亡国妖孽，遘之不祥。苟天地不改其常道，人类未泯其常性，将必有操矛矢张弓誊以祓除之者，而不能与一朝居矣。此非常之法、反常之象所以终不可久也。彝又训法。“书”曰：“永弼乃后于彝宪。”民彝者，民宪之基础也。吾民彝之屈而不信、郁而不彰于宪典也久矣。兹世文明先进之国民，莫不争求适宜之政治，以信其民彝，彰其民彝。吾民于此，其当鼓勇奋力，以趋从此时代之精神，而求此适宜之政治也，亦奚容疑。顾此适宜之政治，究为何种政治乎？则惟民主义为其精神、代议制度为其形质之政治，易辞表之，即国法与民彝间之连络愈易疏通之政治也。先进国民之所以求此政治者，断头流血，万死不辞，培养民权自由之华，经年郁茂以有今日之盛。盖其努力率由生之欲求而发，出于自主之本能，其强烈无能为抗也。吾民对于此种政治之要求，虽云校先进国民为微弱；此种政治意识觉醒之范围，亦校为狭小。而观于革命之风云，蓬勃飞腾之象，轩然方兴而未有艾，则此民权自由之华，实已苞蕾于神州之陆。吾民宜固其秉彝之心田，冒万难以排去其摧凌，而后以渐渍之工夫，熏陶昌大其光采，乃吾民唯一之天职，吾侪唯一之主张矣。

然代议政治之施行，又非可徒揭橥其名，而涣汗大号于国人之前，遂以收厥成功者。必于其群之精神植一坚固不拔之基，俾群己之权界，确有绝明之域限，不容或紊，测性瀹知，习为常轨，初尤俟法制之力以守其藩也。厥基维何？简而举之，自由是已。而“意念自由之重，不必于思想大家乃为不可阙之心德也，其事实生比之秉彝，天既予人人以心矣，虽在常伦，而欲尽其心最者，尤非自由不可。”[①] 此穆勒氏之所诏谕吾人者也。此类意念自由，既为生民之秉彝，则其活动之范围，不至轶越乎本分，而加妨害于他人之自由以上。苟不故为人为之矫制，俾民庶之临事御物，本其夙所秉赋涵修各自殊异之知能，判其曲直，辨其诚伪，校其得失，衡其是非，必可修一中庸之道，而轨纳于正理，决无荡检逾闲之虞也。由是言之，政治之良窳，视乎其群之善良得否尽量以著于政治；而其群之善良得否尽量以著于政治，则又视乎其制度礼俗于涵育牖导而外，是否许人以径由秉彝之诚，圆融无碍，而为象决于事理得失利害之余裕。盖政治者，一群民彝之结晶，民彝者，凡事真理之权衡也。民彝苟能得其用以应于事物之实，而如量以彰于政，则于纷纭错综之间，得斯以为平衡，而一一权其畸轻畸重之度，寻一至当之境而止。余信公平中正之理，当自现于从容恢廓之间，由以定趋避取舍之准，则是即所谓止于至善矣。良以事物之来，纷沓毕至，民能以秉彝之纯莹智照直证心源，不为一偏一曲之成所拘蔽，斯其包蕴之善，自能发挥光大，至于最高之点，将以益显其功于实用之途，政治休明之象可立而待也。惟若绳以至严之义，责以必守之规，民彝自然之所好，屡遭阻制，而无由畅达其志，是其本能必由久废而全荒，所标为微言大义者，终以扞格而不能深中乎人心，而其指为离经畔道之防者，将终于遇机而卒发，久遏之余，破藩溃堤以出，一决且至不可收拾，此其为患何胜言哉！窃尝端居深念，秘探吾国致乱之源，因果复赜，莫可悉举而拓其窍要。举凡历史积重之难反，依赖根性之难除，众论武断之难抗，法制拘执之难移，莫不为自由之敌、民彝之蔽、政治之关也。嗟乎！吾民不欲为二十稘

① 见严译“群己权界论”四十六、四十七页。

立宪政治下之国民，斯亦已耳。否则勿恤被体血汗之劳，澄心涤虑之功，以祓除此不祥之阂障，勿任驰骤束缚长此暗郁吾神州矣。

盖尝远稽列国，近证宗邦，知民彝之絯蔽，自由之屈束，每于历史传说、往哲前贤、积久累厚之群为尤甚焉。为其历史所经阅者弥久，斯其圣哲所垂诏者弥多；其圣哲所垂诏者弥多，斯其民彝受緊蒙也弥厚；其民彝受緊蒙者弥厚，斯其政治趋腐败也弥深。故释迦之不生于他国，而生于印度，他国之歆羡之者，或引为遗憾千万；而自印度言之，印度之有释迦，印度之幸，亦印度之不幸也。耶稣之不生于他国，而生于犹太，他国之歆羡之者，或引为遗憾万千；而自犹太言之，犹太之有耶稣，犹太之幸，亦犹太之不幸也。孔子之不生于他国，而生于吾华，他国之歆羡之者，或亦引为遗憾万千；而吾华之有孔子，吾华之幸，亦吾华之不幸也。自有孔子，而吾华之民族不啻为孔子而生，孔子非为吾民族而生焉。自办耶稣，而犹太之民族不啻为耶稣而生，耶稣非为犹太民族而生焉。自有释迦，而印度之民族不啻为释迦而生，释迦非为印度民族而生焉。是故释迦生而印度亡，耶稣生而犹太灭，孔子生而吾华衰。迄今起视此等文化古邦，其民之具秀逸之才、操魁奇之资者，日惟鞠躬尽礼、局促趋承于败宇荒墟、残骸枯骨之前，而黯然无复生气。膜拜释、耶、孔子而外，不复知尚有国民之新使命也；风经诂典而外，不复知尚有国民之新理想也。吁！此岂是等圣哲之咎哉！毋亦相沿相习之既久，斯民秉彝之明，悉慑伏于圣智之下，典章之前，而罔敢白显，遂以荒于用而绌于能耳。余为斯言，亦岂敢被罪先圣应撄人心者。惟以今日吾之国民，几于人人尽丧其为我，而甘为圣哲之虚声劫夺以之，长此不反，国人犹举相讳忌噤口而无敢昌说，则我之既无，国于何有？若吾华者，亦终底于亡耳。孔子云："舜何人也，予何人也，有为者亦若是。"是孔子尝示人以有我矣。孟子云："当今之世，舍我其谁。"是孟子亦示人以有我矣。真能学孔孟者，真能遵孔孟之言者，但学其有我，遵其自重之精神，以行己立身、问学从政而已足。孔孟亦何尝责人以必牺牲其自我之权威，而低首下心甘为其傀儡也哉！且吾民尝以夸耀于世者，固莫不曰：吾有四千余年之历史也。缅维吾祖降自昆仑，转徙播迁，宅于夏土，氏系于以蕃衍，圣哲于以代作。其间典章制度，德礼政刑，历数千禩，足示吾人以崇奉之则者，繁缛彪炳，美矣备矣。史册俱在，昭然可寻，洵非妄自夸大、虚为构饰之辞也。而抑知其崇奉之专，即其庸愚之渐；美备之胜，即其偏蔽之由；四千余年历史之足夸，即其四千余年历史之足病者乎？一群之中，纲常法度之入人既深也，先圣创其规仪，后儒宗其模式，群之人视彼性圣之嘉言懿行，正若天经地义，莫或敢违。虽以旷世殊俗，理之创于古者不必其宜于今也，法之适于前者不必其合于后也，夏葛之不宜于冬裘也，胶柱之不足以鼓瑟也，结绳之治不能行于文字传译之世也，巢穴之居不能用于宫室轮奂之美也，茹毛饮血之生活不能代烹调珍错之生活也，弓矢之器不能施于飞潜炮火之战也，井田之不可复反也，封建之不可复兴也。例之最近，一九一四年且为古代史矣①。欧洲战前之一切政治艺术，人文种种，胥葬埋于坟墓之内矣②。斯固天演之进，进化之理，穷变通久之道，国于天地，莫或可逃，莫或能抗者。即以吾人所能为光荣之历史观之，已足示人以迁流之迹，有进无退，不可淹留。而吾民族思想

① H. G. Meles 曾寄文于 Daily Chronicle，中有警句曰："1914 is ancient history。"

② 英人奥士本，曾于 Morning Post 撰文，中有"战争者，文学家之坟墓也"句。

之固执，终以沿承因袭，踏故习常，不识不知，安之若命。言必称尧、舜、禹、汤、文、武、周、孔，义必取于诗、礼、春秋；即其身体力行之际，确见形格势禁，心尝有所未安，究因一群风习之气压，一国历史之尘积，为势绝重，为力綦宏，弗克坚持一己意志之自由，冲其网罗而卓自树立，破其勒羁而突自解放，举一切迷蔽民彝之死灰陈腐，摧陷而澄清之，以畔夫旧贯而畅育其新机，一群之思辨知能，遂若萎缩而勿振，决无活泼之机、崭新之象矣！豪强者出，乘时崛兴，取之以盗术，胁之以淫威，绳之以往圣前贤之经训，迟之以宗国先君之制度。锢蔽其聪明，夭阏其思想，销沉其志气，桎梏其灵能，示以株守之途，绝其迈进之路，而吾之群遂以陵替。盖自有周之衰，暴秦踵起，用商鞅、李斯之术，焚书坑儒，销兵铸，堕名城，徙豪杰，生民之厄，极于此时。汉兴，更承其绪，专崇儒术，定于一尊。为利一姓之私，不恤举一群智勇辩力之渊源，斫丧于无形。由是中国无学术也，有之则李斯之学也；中国无政治也，有之则嬴秦之政也。学以造乡愿，政以畜大盗，大盗与乡愿交为狼狈，深为盘结，而民命且不堪矣。以剥知丧能之民，居无政无学之国，其不为若辈之鱼肉以尽者几何？斯其民彝之晶影，又乌由彰著于政治？卒至一夫窃国，肆志披昌，民贼迭兴，藐无忌惮。虽以今日民权不振宪治普行之世，光化之下，犹有敢以一身演曹操、王莽、石敬塘、张邦昌、刘豫、路易十四、拿破仑第三之历史，而犯其麻有尽有之罪恶者。且复饰迹于祭天尊孔之典、匿身于微言大义之辞，以图压服人心，钳制人口。异邦干禄之子，不远梯山航海之劳，以事助桀为虐之业，雌黄其口，颠倒是非，鄙夷吾之国情民性，悍然指为特别之民，当行特别之政。以致祸水横流，滔滔未已，使吾民不得不别觅表见，以与乡愿大盗相周旋。民彝之道，湘贤谭复生

而生于今日，更不知作若何沉痛之语[①]。而耳食者流，犹不审致乱之源，翻然改图，徒梦想中天之盛遐，起思古之幽情，而复古之潮流，遂更为黠狯奸雄所利用。嗟呼！邈古之世，前无尧、舜、禹、汤、文、武、周、孔之圣。而尧、舜、禹、汤、文、武、周、孔乃能成其伟大之功德。自尧、舜、禹、汤、文、武、周、孔之历史，有式范人伦之权威，而尧、舜、禹、汤、文、武、周、孔反以绝迹于后世。以如是蕃庶优秀之民族，如是广漠沃美之江山，乃末由以丰亨豫大，光昌于世。不亡于初秩之洪水猛兽，不斩于历劫之灾异兵荒，而独忧其不保于广土众民文明闻敷之今日者，则岂非以累代之大盗乡愿，假尧、舜、禹、汤、文、武、周、孔之名，所构酝之历史与经传，积尘重压，盘根深结，以障蔽民彝，俾不得其当然之位置，而彰于政治实用之途也欤！历稽载籍，一部廿四史中，斩木揭竿，狐鸣篝火，쁆然起于草泽之间者，不绝于书。岂诸夏之民，皆具好乱之天性乎？毋亦民彝者，心理之自然，经传者，伦理之矜持。以论理制心理，以矜持御自然，伦理矜持之道，有时而穷，心理自然之势，终求其达[②]。其为势也，不以常达必以偶达，不以正达必以变达，不以顺达必以逆达，不以和达必以激达。不谋达以常正顺和之道，必遏之使出于偶变逆激之途。蚩蚩者氓，铤而走险，何所不可。老子曰："民不畏死，奈何以死惧之？"[③] 死且不惧，其他桁杨囹圄压迫钳制之道，更有何效以图苟安？夫山林草野之间，一夫狂呼，应者四起。瓮牖绳枢之子，岂皆怀帝制自为之野心者，顾敢

① 谭嗣同著"仁学"一书，痛论中国无学术，有之皆荀学也；中国无政治，有之皆秦政也云云。

② 参阅"甲寅"第三期，秋桐君"自觉"。

③ 老子："道德经"。

奋臂以起，悍然与当世之雄强相角抗，此自当代之国法伦理观之，固可加以叛逆之显僇，被以盗贼之恶名；而自心理观之，固皆民彝见制，迫不得伸，乃于偶变逆激之道以求其达之征也。此之不察，徒欲以历史之陈死人，制服社会之活心理，终见心劳日拙，致政象于飑飑不安而已矣。耶马逊曰："文史诸书，皆意思之所显，即志愿奋勉之记录也。"是则民彝者，可以创造历史，而历史者，不可以束制民彝。过去之历史，既为乡愿大盗假尧、舜、禹、汤、文、武、周、孔之典谟训诰为护符，尽倾其秽恶之心血，以污其幅帙矣。今后之历史，尽有无限光华洁白之空页，全俟吾民本其清新纯醇之资能，以晶映其异采。断不容大盗乡愿涓滴之恶浊血液溷入其中，致其流毒终古，附着于吾民族之历史而莫可涤濯。即尧、舜、禹、汤、文、武、周、孔之嘉言懿行，传流虽久，施之今世，决非所通。盖尧、舜、禹、汤、文、武、周、孔之所以承后世崇敬者，不在其法制典章示人以守成之规，而在其卓越天才示人以创造之力也。吾人生千百年后，俯仰今昔，惟有秘契先民创造之灵，而以创造新国民之新历史，庶以无愧于先民。若徒震于先民之功德，局于古人之成规，堕其自我之本能，蔽其秉彝之资性，是又尧、舜、禹、汤、文、武、周、孔之罪人也矣。

夫尊重史乘、崇奉圣哲之心既笃，依赖之性遂成于不知不识之间。然而史乘之往辙，不可以回旋也，圣哲之伟迹，不可以再见也。而兹世所遘之艰巨，所遇之屯蹇，虑非一己微末之才所能胜。于是忧乱思治之切者，骇汗奔呼，祷祀以求非常之人物出而任非常之事业。从而歌哭之，崇拜之，或曰：此吾国之拿破仑也。或曰：此吾国之华盛顿也。或曰：此内圣外王，尧、舜、汤、武之再世也，吾民宜举国权而托诸其人也。神奸悍暴之夫，窥见国民心理之弱，乃以崛起草茅，作威作福，亦遂蒙马虎皮，炫罔斯民曰：吾将为汝作拿破仑也，吾将为汝作华盛顿也，吾将为汝作尧、舜、汤、武也。炫罔之犹以为未足，更为种种羁縻延揽之术，以迎秽纳垢，府聚群恶。凡夫权势利禄之资，无不为收拾人心之具。风声所树，群俗为靡，而顽懦潰溷之徒，相率趋承缘附于其侧，以供奔走驱策之用，而颂言斯人为“神武”。然而“神武”之人，兹世亦安有是物，特一群心理，以是相惊，伯有之厉，遂为黎丘之鬼，而“神武”之势成，而生民之祸烈矣。例证不远，即在袁氏。两三年前，吾民脑中所宿之“神武”人物，曾几何时，人人倾心之华、拿，忽变而为人人切齿之操、莽，袒裼裸裎，以暴其魑魅罔两之形于世，掩无可掩，饰无可饰，此固遇人不淑，致此厉阶，毋亦一般国民依赖英雄，蔑却自我之心理有以成之耳！阳明有言：“除山中贼易，除心中贼难。”秦政之世，践华为城，因河为池，自以为关中之固，金城千里，恃险足以威天下之众矣。然而陈涉一呼，山东豪杰投袂而起，一夫作难，七庙以隳，曾不二世而嬴氏子孙身死人手矣。以知残民之贼，锄而去之，易如反掌，独此崇赖“神武”人物之心理，长此不改，恐一桀虽放，一桀复来，一封虽诛，一封又起。吾民纵人人有汤武征诛之力，日日兴南巢牧野之师，亦且疲于奔命。而推原祸始，妖由人兴，孽由自作。民贼之巢穴，不在民军北指之幽燕，乃在吾人自己之神脑。是则犁庭扣穴之计，与其张皇六师，永事戒备，毋宁各将盘营结寨，伏于其脑之“神武”人物，一一僇尽，绝其根株而肃清之。诚能如是，则虽华山归马，孟津洗兵，不筑路易断头之台，不拓拿翁窜身之岛，亦可以高枕而无忧矣。由来西哲之为英雄论者，首推加莱罗，耶马逊，托尔斯泰三家[1]。“加”氏论旨，则谓世界之历史，不过英雄传记之联续耳。常人薪也，英雄火也，薪无论燥至何度，不能以自燃。引以一星之火，可使燎原也。常人之于社会，其受压迫酷至何度，亦不能自奋其力而为反抗。于此有英雄焉，一夫崛起，赍有天锡之灵光，足以烘耀常人之精神。而社会之改革，于是乎行，社会之进步，与是乎远焉。故英雄者，神人也，神而降为人者也，能见人之所不能见，知人之所不能知，此其所以异于常人也。“耶”氏则异于是，谓英雄者，顺从有众之心理，摄取有众之努力，而始成其为英雄。人第见其人之功业，震于一时，而不知有无数同其意志者，潜盾于其后焉。此所谓英雄者，不过代表此无数之意志，而为其活动之中心耳。故英雄者，人神也，人而超为神者也。“托”氏之说，则正与“加”氏之说相反，谓英雄之势力，初无是物。历史上之事件，固莫不因缘于势力，而势力云者，乃以代表众意之故而让诸其人之众意总积也。是故离于众庶，则无英雄。离于众意总积，则英雄无势力焉。以余言之，“加”氏之说犹含希腊英雄时代之采色[2]，而为专制政治产孕之思想，今已无一顾之值。“耶”说视“加”说为核实矣，而其立论，终以神秘主义为据，以英雄政治为归，此点与“加”说略同，故亦病未能取。独“托”氏之论，精辟绝伦，足为吾人之棒喝矣。夫圣智之与凡民，其间知能相去不远。彼其超群轶类者，非由时会之因缘，即在众庶之信仰。秉彝之本，无甚悬殊也。就令英雄负有大力，圣智展其宏材，足以沛泽斯民，而一方承其惠恩，一方即损其自性；一方蒙其福利，一方即丧厥天能。所承者有限，所损者

---

① Carlyle　苏格兰史学家（1795—1881）；Emerson　美国文学家（1803—1882）；Tolstoi　俄国文学家（1828—1910）。

② 希腊称英雄为 Demigod，译言“半神”，古代史家尝谓英雄为神族之一。

无穷；所蒙者易去，所丧者难返。浸微浸弱，失却独立自主之人格，堕于奴隶服从之地位。若而民族，若而国家，即无外侵亦将自腐，奚能与世争存！即苟存焉，安有价值之可言。老子云："圣人不死，大盗不止。"[①] 此所谓盗，殆指盗人秉彝之能而荒之，其民过崇圣智厚赖英雄之性，其即引盗入室之媒欤。或曰：法律死物也，苟无人以持之，不能以自行。古人"人存政举，人亡政息"之言，终寓有不磨之理。若惩人治之弊，而专任法律，与监法治之弊，而纯恃英雄，厥失维均，未易轩轾。排斥英雄之说，失其中庸，必至流于众愚政治，聚众瞽以事离娄之明，驱众尫以当乌获之役，乌乎可哉！况十九稘初叶，悉全欧之人，胜一拿破仑，故是稘之文明，植基于唯民主义。二十稘初叶，竭维廉二世之力，以制全欧，即以制全世界。苟或胜焉，则是稘之文明，纵不敢云返于适与唯民主义相反之英雄主义，而必植基于一种新英雄主义，可以断言。庸得以因噎废食，痛恶人治之说，至于此极也。应之曰：唯唯否否。余为此言，非纯恃法律万能之力，以求致治之功。乃欲溯本穷源，以杀迷信人治之根性，免致野心之徒，谬种流传，祸机隐伏，野草不尽，春风吹又生也。盖此性不除，终难以运用立宪政治于美满之境。今后取人之准，宜取自用以效于民之人，无取用民以自见之人；宜取自用其才而能适法之人，无取为之制法始能展才之人。盖唯民主义，乃立宪之本；英雄主义，乃专制之原。而立宪之所以畔大专制者，一则置重众庶，一则侧重一人；一则使知自重其秉彝，一则多方束制其畀性；一则与以自见其我于政治之机，一则绝其自见其我于政治之路。凡为立宪国民，道在道能导民自治而脱他治。民以是相求，

① 老子："道德经"。

政以是相应，斯其民之智能，必能共跻于一水平线而同蓝并育。彼其众庶，立于水平线以上，以驱策英雄俾为民用可也；降于水平线以下，只待英雄之提撕，听英雄之指挥不可也。彼其英雄，守一定之限度，以代众庶而行众意可也；越一定之限度，背众庶以独行其意不可也。此实专制国民服事英雄与立宪国民驱使英雄之辨，亦即专制政治与立宪政治之所由殊也。且拿破仑之与全欧争也，法兰西国民实为之效命。德意志国民之与世界战也，维廉二世实为之前驱。为因不同，为果自异。故拿破仑之败，得谓为全欧败一拿破仑；德意志国民之胜，不得谓维廉二世胜全世界。然则唯民主义可以勃兴于十九稘，英雄主义则断不能复活于二十稘也。代议政治虽今犹在试验之中，其良其否，难以确知，其存其易，亦未可测。然即假定其不良，其当易，其起而代之者，度亦必为校代议政治益能通民彝于国法之制，决非退于专制政治，可以笃信而无疑焉。吾民当知国家之事，经纬万端，非一二人之力所能举，圣智既非足依，英雄亦莫可恃，匹夫之责，我自尸之。必需求一人焉，以司机关，则遴与民共动之人。此而难获，更择为民活动之人，而施以驱策。彼神武自雄者，物大莫容，无所用之。盖迷信英雄之害，实与迷信历史同科，均为酝酿专制之团，戕贼民性之本，所当力自湔除者也。

立宪政治基于自由之理，余既略陈其概矣。顾自由之保障，不仅系于法制之精神，而尤需乎舆论之价值。故凡立宪国民，对于思想言论自由之要求，固在得法制之保障，然其言论本身之涵养，尤为运用自由所必需。盖夫一国专制之积习，沦浃既深，民间持论之态，每易昧于商权之旨，好为抹杀之辞。未尽询谋之诚，遽下彖定之语，此其流弊，以视偶语之禁，腹诽之罚，尚为可怖。汉土自春秋战国以还，诸子争鸣，百家并起，子舆氏以论政名家，所言多与近世民政相符，独其距辟杨墨，至诚为邪说淫辞，而谓“杨子为我，是无君也，墨子兼爱，是无父也。无父无君，是禽兽也。”吁！此其言之背于逻辑，何其甚也！自是而后，儒者排距党伐之风，日以昌炽。韩退之之徒，持议尤为偏激。李卓吾倾心内典，一时学士大夫诋为异端。卓吾自知所言为世弗容，至自名其书为“李氏焚书”。未几，身系囹圄；而书亦成灰烬。呜呼！其群之对于言论之虐，其视专制之一人为何如也。爰及于今，欧西自由之说，虽经东渐，神州共和之帜，亦既飘然高树。而社会言论武断之力，且与其庞杂喧闹之度而俱增，而是非乱，而真伪淆，公理正义乃更无由白于天下，自由之精神，转以言论自由愈湮没而不彰。吾人追究作俑之罪，春秋之义，责备贤者，虽以子舆氏阐明民政之功，而亦不能为之曲讳矣。昔者穆勒氏之论自由曰：“凡在思想言行之域，以众同而禁一异者，无所往而合于公理。其权力之所出，无论其为国会，其为政府，用之如是，皆为悖逆。不独专制政府其行此为非，即民主共和行此亦无有是。依于公信而禁独伸之议者，其为恶浮于违众议而禁公是之言。就使过去来三世之人所言皆同，而一人独持其异，前之诸同个得夺其一异而使同，犹后之一异不得强其诸向以从异也。盖义理言论，不同器物，器物有主人所独宝，而于余人不珍，故夺其所有，谓之私损。而所损者之家寡，犹有别也。义理言论，乃不大然。有或标其一说，而操柄者禁不使宣，将其害周遍于人类。近之其所被者在同世，远之其所被者在后人。与之同者，固所害也。与之异者，被害尤深。其所言为是，则禁之者使天下后世无由得是以救非，其所言为非，则禁之者使天下后世无由得非以明是。盖事理之际，是惟得非，而后其为是愈显，其义乃愈不刊，此其为用正相等耳。是二义者，必分立审辨而后明。言论之出也，当义禁绝之时，从无能决其必非者，就令能决其必非矣，而禁绝之者，仍无功而有过。”[①] 此透宗之旨。余之谫陋，初事论事，何以加兹，故微引其言，以证社会言论，对于异说加以距辟，无论其说之本非邪说淫辞，真理以是而隐，不得与天下后世共见，其害滋甚。即令为邪说矣，淫辞矣，其背理之实亦不能以昭示于天下后世，其害仍隐中而无由逃。法制禁之，固非所宜。舆论禁之，亦岂有当。此即征诸杨墨之说，而益信矣。试问今之说书明理之士，有仍以杨墨之学说为无君无父足以尽之者乎？有仍以无君之民为禽兽者乎？希腊圣者苏格拉的，今世哲俊共许为西方孔子者也。顾当其身，国人众推廷鞫，被以慢神不道、惑众倾邪之罪而戮之矣。耶稣基督，今世奉为唯一之教主者也。顾当其身，时人以其人为逆天而戮之矣。最近如托尔斯泰，世尝尊为文豪大哲者也，而前会受破门之宣告矣。此可知邪说之未必果邪，淫辞之未必果淫。真理正义，且或在邪说淫辞之中也。二十年以前，洋海始通，西学输入，缙绅先生尚持天动地静之说，而以为奇技淫巧焉。今地球环绕太阳之理，声光化电之学，虽在童騃，亦粗知其义矣。盖所谓真理者，亦有从世运而变迁者乎。所不可变者，独此民彝之智察耳。予之白人者，人可以夺之。秉之自天者，则非人为之威福，人为之毁誉所能汩没以空，澌灭以尽也。故夫声色货利足以蛊人之形骸也，而民彝之所操不以是而移也。桁杨刀锯足以屈人之躯体也，而民彝之所守不以是而淆也。诋其距辟足以禁人之昌说也，而民彝之所向不以是而反也。即于一言一行之微，其以声色货利益之者，其物即缘声色货利而俱存。以桁杨刀锯屈之者，其物即与桁杨刀锯而并立。以诋諆距辟

① 见严译“群己权界论”二十、二十一页。

禁之者，其物即从诋其距辟而潜滋。此无他，凡事之涉及民生利害者，其是非真妄宜听民彝之自择，未遽可以专擅之动作。云为，以为屏斥杜绝之方也。天之所赋人焉能夺，天之所禁人何能予。道在听民彝之自为趋向，因势而利导之，为容相当之余裕，俾得尽形于政，以收自然之成，无事束缚驰骤之劳，防闲检制之工矣。其或不尔，利其不著，便于制异从同，潜存之势，亦终必发。声色货利桁杨刀锯之力，且不为功，而谓诋諆距辟之事，庸能有成哉！是故立宪国民之于言论自由也，保障之以法制，固为必要，而其言论本身，首当洞明此旨。但察其是，勿拒其非，纵喜其同，莫禁其异，务使一群秉彝之所好，皆得相当之分，反复辩论，获其中庸之理以去。最后彖定之辞，勿得轻用，终极评判之语，勿得漫加。健全之舆论成，而美满之宪政就矣。近人海智氏著“政治常识”一书[①]，开宗明义即叙著书之旨，不在对于一人一事而为终极彖定之语，惧其侵及天票而为智力之絯也。其言曰：“排斥终极之彖定，其利乃在致一切政治问题，得应有尽有之人，续行讨论。此类讨论每足以唤起有效之思索，导于理想社会之域，而此理想社会即所以表示吾美人生之协和者也。倘吾全美或其一州之国民心觉，不克活泼泼地以呈于公共问题，则其政治之体不得尽其全能。正犹一人之身，有其一部麻木不仁，余则仅存形式动作之艰而已。于宪法限制之内，法令与判决即多数表布之意思，迄于为新行立法制定所更，为兹土之法律，并政治行为之准则焉。在此期间，进步方法之讨论罔有息绝，其查事之精，析论之透，均为其进程所达之验也。盖背乎逻辑之推论，苟为根于事实而设者，其视合乎逻辑之推论，所据之事全为子虚

① Hedges，美人，所著“政治常识”（Common Sense in Politics）于1912年出版。

者，厥失为少。前者得其时而或有合，后者徒为美辞之助，而永无其果。前者犹为实用，后者只为空理。心性之重乎讨议。殆与求构之结论无殊也。”[①] 准乎斯言，不以凡事之理曲是非揽之于己，而下最后判象之辞，则其理曲是非自能获于天下公论之中。盖其参究互议之果，乃能求一事实为之根据。而后逻辑之用，方为不荒，心觉之能，始能昭著，舆论之声，乃能扬于社会面有伟大之权威也。吾民可以谛审其理矣。

群演之道，在一方固其秩序，一方图其进步。前者法之事，后者理之事。必以理之力著为法之力，而后秩序为可安；必以理之力摧其法之力，而后进步乃可图。是秩序者，法力之所守，进步者，理力之所摧也。欧洲当文艺复兴之顷，罗马教皇，权威赫赫，虽以帝王之尊，莫不俯首帖耳于数皇之前，其法之力，可谓风靡全欧矣。胡以路德之徒，昂然崛起，别树新教之帜，以与炙手可热之教皇抗而卒能胜之，则理之力也。法兰西革命之时，上自王家，下至贵族侩侣，蹂躏平民，无所弗至，甚法之力，可谓火热水深矣。而胡以卢梭、孟德斯鸠、乌尔泰[②]之流，扬其民权自由之声，卒酿革命之风云，而共和之基卒以奠定，则理之力也。他如英之大宪章、权利请愿书，美之独立宣言，吾国之南京约法，乃至云南宣言之四大政纲，莫非以理之力冲决法之力，而流露之民彝也。盖法易腐而理常新，法易滞而理常进。国之存也，存于法，人之生也，生于理。国而一日离于法则丧厥权威，人而一日离于理则失厥价值。故立宪国民之责任不仅在保持国之权威，并宜尊重人之价值。前者政治法律之所期，后者学说思想

① Hedges：“政治常识”第四、五页。

② Rousseau，Montesquieu，Voltaire.

之所为。前者重服从，尚保守，法之所禁，不敢犯也，法之所命，不敢违也。后者重自由，尚进取，彝性之所趋，虽以法律禁之，非所畏也。彝性之所背，虽以法律追之，非所从也。必使法之力与理之力，息息相攻，即息息相守，无时不在相摩相荡相克相复之天，即无时不得相调相剂相蓄相容之分。既以理之力为法之力开其基，更以理之力为法之力去其障，使法外之理无不有其机会以入法之中，理外之法无不有其因缘以失法之力。平流并进，递演递嬗，即法即理，即理即法，而后突发之革命可免，日新之改进可图。是在民彝与国法疏通之脉络途径何如耳，是在吾民本其秉彝之能以为改进之努力何如耳。

余论至斯，已嫌过冗，最终有欲为吾国民告者。人之生也，莫不有其环境，而常与其生以莫大之影响焉。其境丰者其能啬，其境匮者其能增。此理虽常见于僿野之民，而非可论于文明之族。盖文明云者，即人类本其民彝，改易环境而能战胜自然之度也。文明之人，务使其环境听命于我，不使其我奴隶于环境。太上创造，其次改造，其次顺应而已矣。国家之存立，何莫不然。国民全体，亦有其大生命焉，其与环境相战，所需之秉彝之能，努力之勇，止不减于小已之求生。吾华建国，宅于亚陆，江山秀美，泱泱大风，世界之内，罕有其匹。沃土如兹其广也，河流如兹其多也，海线如兹其修也，煤铁如兹其富也。苟吾四亿同胞之心力稍有活泼之机，创造改造之业姑且莫论，但能顺应此环境而利用之，已足以雄视五洲威震欧亚矣。而今则何如者？神衰力竭，气尽能索。全国之人，其颖智者，有力仅以为恶，有心惟以造劫。余国死灰槁木，奄奄待亡，欲东不能，欲西不得，养成矛盾之性，失其自然之天，并其顺应环境之力而亦无之。遂令神州，鞠为茂草，昔称天府，今见陆沉。呜呼！是果孰之咎欤？余思之，且重思之，则君主专制之祸耳。盖民与君不两立，自由与专制不并，存，是故君主生则国民死，专制活则自由亡。而专制之政与君主之制，如水与鱼，如胶与漆，固结不解，形影相依。今犹有敢播专制之余烬，起君主之篝火者，不问其为筹安之徒与复辟之辈，一律认为国家之叛逆、国民之公敌而诛其人，火其书，殄灭其丑类，摧拉其根株，无所姑息，不稍优容，永绝其萌，勿使滋蔓，而后再造神州之大任始有可图，中华维新之运命始有成功之望也。吾任重道远之国民乎！当知今日为世界再造之初，中华再造之始。吾人宜悟儒家日新之旨，持佛门忏悔之功，遵耶教复活之义，以革我之面，洗我之心，而先再造其我，弃罪恶之我，迎光明之我；弃陈腐之我，迎活泼之我；弃白首之我，迎青年之我；弃专制之我，迎立宪之我；俾再造之我适于再造中国之新体制，再造之中国适于再造世界之新潮流。我不负此中国，中国即不负此河山，是在吾国民之善用其秉彝，以之造福邦家，以之挽回劫运。国家前途，实利赖之矣。

托尔斯泰诠革命之义曰：“革命者，人类共同之思想感情遇真正觉醒之时机，而一念兴起欲去旧恶就新善之心觉变化，发现于外部之谓也。除悔改一语外，无能表革命意义之语也。”今者南中倡义，铁血横飞，天发杀机，人怀痛愤。此真人心世道，国命民生之一大转机也。一念之悔，万劫都销，此则记者斋戒沐浴，愿光奉其忏悔之心，以贡于同胞之前。而求以心印心，同去旧恶，同就新善，庶不负革命健儿庄严神圣之血，洒于自由神前，为吾侪洗心自忏之用矣。

（樱花节中脱稿）

1916年5月15日

“民彝”创刊号

署名：守常

新生命诞孕之努力

大凡一新生命之诞孕，必历一番之辛苦，即必需一番之努力。

欧洲战焰之腾，杀人盈野，惨痛万千，此欧人新生命诞孕之辛苦也。而欧人不避此辛苦，勇往奋进以赴之者，则欧人欲得自由之努力矣。

西南义师之兴，呜咽叱咤，慷慨悲歌，此民国新生命诞孕之辛苦也。而吾民不避此辛苦，断头流血以从之者，则亦吾民欲得自由之努力矣。

“晨钟”创刊，缔造经营，竭尽棉薄，犹虑弗胜，此本报新生命诞孕之辛苦也。而本报不敢辞其辛苦，瘅精瘁力以成之者，则亦本报欲得自由之努力矣。

夫宇宙本相，为不断之轮回。吾人日循此轮回生死、成毁、衰亡、诞孕之中，即日尝辛苦，日需努力，而不容有所怠荒。“晨钟”之所以警世，与其所以自勉者在斯耳。

1916年8月15日

“晨钟报”

署名：守常

青　春

春日载阳，东风解冻，远从瀛岛，反顾祖邦，肃杀郁塞之象，一变而为清和明媚之象矣；冰雪沍寒之天，一幻而为百卉昭苏之天矣。每更节序，辄动怀思，人事万端，那堪回首，或则幽闺善怨，或则骚客工愁。当兹春雨梨花，重门深掩，诗人憔悴，独倚栏杆之际，登楼四瞩，则见千条垂柳，未半才黄，十里铺青，遥看有色。彼幽闲贞静之青春，携来无限之希望，无限之兴趣，飘然贡其柔丽之姿于吾前途辽远之青年之前，而默许以独享之权利。嗟吾青年可爱之学子乎，彼美之青春，念子之任重而道远也，子之内美而修能也，怜子之劳，爱子之才也，故而经年一度，展其怡和之颜，饯子于长征迈往之途，冀有以慰子之心也。纵子为尽瘁于子之高尚之理想，圣神之使命，远大之事业，艰巨之责任，而夙兴夜寐，不遑启处，亦当于千忙万迫之中，偷隙一盼，霄颜相向，领彼恋子之殷情，赠子之韶华，俾以青年纯洁之躬，饫尝青春之甘美，浃浴青春之恩泽，永续青春之生涯，致我为青春之我，我之家庭为青春之家庭，我之国家为青春之国家，我之民族为青春之民族。斯青春之我，乃不枉于遥遥百千万劫中，为此一人冈缘，与此多情多爱之青春，相邂逅于无尽青春中之一部分空间与时间也。

块然一躯，渺乎微矣，于此广大悠久之宇宙，殆犹沧海之一粟耳。其得永享青春之幸福与否，当问宇宙自然之青春是否为无尽。如其有尽，纵有彭、聃之寿，甚且与宇宙齐，亦奚能许我以常享之福？如其无尽，吾人奋其悲壮之精神，以与无尽之宇宙竞进，又何不能之有？而宇宙之果否为无尽，当问宇宙之有无初终。宇宙果有初乎？曰，初乎无也。果有终乎？曰，终乎无也。初乎无者，等于无初。终乎无者，等于无终。无初无终，是于空间为无限，于时间为无极，质言之，无而已矣，此绝对之说也。若由相对观之，则宇宙为有进化者。既有进化，必有退化。于是差别之万象万殊生焉。惟甚为万象万殊，故于全体为个体，于全生为一生。个体之积，如何其广大，而终于有限。一生之命，如何其悠久，而终于有涯。于是有生即有死，有盛即有衰，有阴即有阳，有否即有泰，有剥即有复，有屈即有信，有消即有长，有盈即有虚，有吉即有凶，有祸即有福，有青春即有白首，有健壮即有颓老，质言之有而已矣。庄周有云："朝菌不知晦朔，蟪蛄不知春秋。"又云："小知不如大知，小年不如大年。"夫晦朔与春秋而果为有耶，何以菌蛄以外之有生，几经晦朔几历春秋者皆知之，而菌蛄独不知也？其果为无耶，又何以菌蛄虽不知，而菌蛄以外之有生，几经晦朔几历春秋者，皆知之也？是有无之说，亦至无定矣。以吾人之知，小于宇宙自然之知，其年小于宇宙自然之年，而欲断空间时间不能超越之宇宙为有为无，是亦朝菌之晦朔，蟪蛄之春秋耳。秘观宇宙有二相焉：由佛理言之，平等与差别也，空与色也。由哲理言之，绝对与相对也。由数理言之，有与无也。由"易"理言之，周与易也。周易非以昭代立名，宋儒罗泌尝论之于“路史”，而金氏圣叹，序“离骚经”，释之尤近精微，谓“周其体也，易其用也。约法而论，周以常住为义，易以变易为义。双约人法，则周乃圣人之能事，易乃大千之变易。大千本无一有，更立不定，日新、日日新、又日新之谓也。圣人独能以忧患之心周之，尘尘刹刹，无不普遍，又复尘尘周于刹刹，刹刹周于尘尘，然后世界自见其易，圣人时得其常，故云周易。”仲尼曰：“自其异者视之，肝胆楚越也；自其同者视之，万物皆一也。”此同异之辨也。东坡曰：“自其变者而观之，则天地曾不能以一瞬；自其不变者而视之，造物与吾皆无尽藏也。”此变不变之殊也。其变者青春之进程，其不变者无尽之青春也。其异者青春之进程，其同者无尽之青春也。其易者青春之进程，其周者无尽之青春也。其有者青春之进程，其无者无尽之青春也。其相对者青春之进程，其绝对者无尽之青春也。其色者差别者青春之进程，其空者平等者无尽之青春也。推而言之，乃至生死、盛衰、阴阳、否泰、剥复、屈信、消长、盈虚、吉凶、祸福、青春白首、健壮颓老之轮回反复，连续流转，无非青春之进程，而此无初无终、无限无极、无方无体之机轴，亦即无尽之青春也。青年锐进之子，尘·尘刹刹，立于旋转簸扬循环无端之大洪流中，宜有江流不转之精神，屹然独立之气魄，冲荡其潮流，抵拒其势力，以其不变应其变，以其同操甚异，以其周执其易，以其无持其有，以其绝对统其相对，以其空驭其色，以其平等律其差别，故能以宇宙之生涯为自我之生涯，以宇宙之青春为自我之青春。宇宙无尽，即青春无尽，即自我无尽。此之精神，即生死肉骨、同天再造之精神也。此之气魄，即慷慨悲壮、拔山盖世之气魄也。惟真知爱青春者，乃能识宇宙有无尽之青春。惟真能识宇宙有无尽之青春者，乃能具此种精神与气魄。惟真有此种精神与气魄者，乃能永享宇宙无尽之青春。

一成一毁者，天之道也。一阴一阳者，易之道也。唐生维廉与铁特二家，邃研物理，知天地必有终极，盖天之行也以其动，其动也以不均，犹水之有高下而后流也。今太阳本热常耗，以彗星来往度之递差，知地外有最轻之冈气，为能阻物，既能阻物，斯能耗热耗力。故大宇积热力，每散趋均平，及其均平，天地乃毁。天地且有时而毁，况其间所包蕴之万物乎？漫云天地，究何所指，殊嫌茫漠，征实言之，有若地球。地球之有生命，已为地质学家所明证，惟今日之地球，为儿童地球乎？青年地球乎？丁壮地球乎？抑白首地球乎？此实未答之问也。苟犹在儿童或青年之期，前途自足乐观，游优乐土，来日方长，人生趣味益以浓厚，神志益以飞舞；即在丁壮之年，亦属元神盛涌，血气畅发之期，奋志前行，亦当勿懈；独至地球之寿，已臻白发之颓龄，则栖息其上之吾人，夜夜仰见死气沉沉之月球，徒借曜灵之末光，以示伤心之颜色于人寰，若以警告地球之终有死期也者，言念及此，能勿愀然。虽然，地球即成白首，吾人尚在青春，以吾人之青春，柔化地球之白首，虽老犹未老也。是则地球一日存在，即吾人之青春一日存在。吾人之青春一日存在，即地球之青春一日存在。吾人有现在一刹那之地球，即有现在一刹那之青春，即当尽现在一刹那对于地球之责任。虽明知未来一刹那之地球必毁，当知未来一刹那之青春不毁，未来一刹那之地球，虽非现在一刹那之地球，而未来一刹那之青春，犹是现在一刹那之青春。未来一刹那之我，仍有对于未来一刹那之地球之责任。庸得以虞地球形体之幻灭，而猥为沮丧哉！

复次，生于地球上之人类，其犹在青春乎，抑已臻白首乎？将来衰亡之顷，究与地球同时自然死灭乎，抑因地球温度激变，突与动植物共死灭乎？其或先兹事变，如个人若民族之死灭乎？斯亦难决之题也。生物学者之言曰：人类之生活，反乎自然之生活也。自妇人畏葸，抱子而奔，始学立行，胸部暴露，必须被物以求遮卫，而人类遂有衣裳；又以播迁转徙，所携食物，易于腐败，而人类遂有火食。有衣裳而人类失其毛发矣，有火食而人类失其胃肠矣。其趋文明也日进，其背自然也日遐，浸假有舟车电汽，而人类丧甚手足矣。有望远钟德律风等，而人类丧其耳目矣。他如有书报传译之速，文明利器之普，而人类亡其脑力。有机关枪四十二珊之炮，而人类弱其战能。有分工合作之都市生活，歌舞楼台之繁华景象，而人类增其新病。凡此种种，人类所以日响灭种之途者，若决江河，奔流莫遏，长此不已，劫焉可逃！此辈学者所由大声疾呼，布兹骇世听闻之噩耗，而冀以谋挽救之方也。宗教信士则从而反之，谓宇宙一切皆为神造，维护之任神自当之，吾人智能薄弱，惟托庇于神而能免于罪恶灾厄也。如生物家言，是为蔑夷神之功德，影响所及，将驱人类入于悲观之途，圣智且尚无灵，人工又胡能阏，惟有瞑心自放，居于下流，荒亡日久，将为人心世道之忧矣。末俗浇漓，未始非为此说者阶之厉也。吾人宜坚信上帝有全知全能，虔心奉祷，罪患如山，亦能免矣。由前之说，固易流于悲观，而其足以警觉世人，俾知谋矫正背乎自然之生活，此其所长也。由后之说，虽足以坚人信仰之力，俾其灵魂得优游于永生之天国，而其过崇神力，轻蔑本能，并以讳蔽科学之实际，乃其所短也。吾人于此，宜如宗教信士之信仰上帝者信人类有无尽之青春，更宜悚然于生物学者之旨，以深自警惕，力图于背逆自然生活之中，而能依人为之工夫，致其背逆自然之生活，无异于顺适自然之生活。斯则人类之寿，虽在耄耋之年，而吾人苟奋自我之欲能，又何不可返于无尽青春之域，而奏起死回生之功也。

人类之成一民族一国家者，亦各有其生命焉。有青春之民族，斯有白首之民族，有青春之国家，斯有白首之国家。吾之民族若国家，果为青春之民族、青春之国家欤，抑为白首之民族、白首之国家欤？苟已成白首之民族、白首之国家焉，吾辈青年之谋所以致之回春为之再造者，又应以何等信力与愿力从事，而克以著效？此则系乎青年之自觉何如耳。异族之觇吾国者，辄曰：支那者老大之邦也。支那之民族，濒灭之民族也。支那之国家，待亡之国家也。洪荒而后，民族若国家之递兴递亡者，踳然其不可纪矣。粤稽西史，罗马、巴比伦之盛时，丰功伟烈，彪著寰宇，曾几何时，一代声华，都成尘土矣。祇今屈指，欧土名邦，若意大利，若法兰西，若西班牙，若葡萄牙，若和兰，若比利时，若丹马，若瑞典，若挪威，乃至若英吉利，罔不有积尘之历史，以重累其国家若民族之生命。回溯往祀，是等国族，固皆尝有其青春之期，以其畅盛之生命，展其特殊之天才。而今已矣，声华渐落，躯壳空存，纷纷者皆成文明史上之过客矣。其校新者，惟德意志与勃牙利，此次战血洪涛中，又为其生命力之所注，勃然暴发，以挥展其天才矣。由历史考之，新兴之国族与陈腐之国族遇，陈腐者必败；朝气横溢之生命力与死灰沉滞之生命力遇，死灰沉滞者必败；青春之国民与白首之国民遇，白首者必败，此殆天演公例，莫或能逃者也。支那自黄帝以降，赫赫然树独立之帜于亚东大陆者，四千八百余年于兹矣。历世久远，纵观横览，罕有其伦。稽其民族青春之期，远在有周之世，典章文物，灿然大备，过此以往，渐响衰歇之运，然犹浸衰浸微，扬其余辉，以至于今日者，得不谓为其民族之光欤？夫人寿之永，不过百年，民族之命，垂五千载，斯亦寿之至也。印度为生释迦而兴，故自释迦生而印度死；犹太为生耶稣而立，故自耶稣生而犹太亡；支那为生孔子而建，故自孔子生而支那衰，陵夷至于今日，残骸枯骨，满目黯然，民族之精英，澌灭尽矣，而欲不亡，庸可得乎？吾青年之骤闻斯言者，未有不变色裂眦，怒其侮我之甚也。虽然，勿怒也。吾之国族，已阅长久之历史，而此长久之历史，积尘重压，以桎梏其生命而臻于衰敝者，又宁容讳？然而吾族青年所当信誓旦旦，以昭示于世者，不在龈龈辩证白首中国之不死，乃在汲汲孕育青春中国之再生。吾族今后之能否立足于世界，不在白首中国之苟延残喘，而在青春中国之投胎复活。盖尝闻之，生命者，死与再生之连续也。今后人类之问题，民族之问题，非苟生残存之问题，乃复活更生、回春再造之问题也。与吾并称为老大帝国之土耳其，则青年之政治运动，屡试不一试焉。巴尔干诸邦，则各谋离土自立，而为民族之运动，兵连祸结，干戈频兴，卒以酿今兹世界之大变焉。遥望喜马拉亚山之巅，恍见印度革命之烽烟一缕，引而弥长，是亦欲回其民族之青春也。吾华自辛亥首义，癸丑之役继之，喘息未安，风尘澒洞，又复倾动九服，是亦欲再造其神州也。而在是等国族，凡以冲决历史之桎梏，涤荡历史之积秽，新造民族之生命，挽回民族之青春者，固莫不惟其青年是望矣。建国伊始，肇锡嘉名，实维中华。中华之义，果何居乎？中者，宅中位正之谓也。吾辈青年之大任，不仅以于空间能致中华为天下之中而遂足，并当于时间而谛时中之旨也。旷观世界之历史，古往今来，变迁何极！吾人当于今岁之青春，画为中点，中以前之历史，不过如进化论仪于考究太阳地球动植各物乃至人类之如何发生、如何进化者，以纪人类民族国家之如何发生、如何进化也。中以后之历史，则以是为古代史之职，而别以纪人类民族国家之更生回春为其中心之的也。中以前之历史，封闭之历史，焚毁之历史，葬诸坟墓之历史也。中以后之历史，洁白之历史，新装之历史，待施绚绘之历史也。中以前之历史，白首之历史，陈死人之历史也。中以后之历史，青春之历史，活青年之历史也。青年乎！其以中立不倚之精神，肩兹砥柱中流之责任，即由今年今春之今日今刹那为时中之起点，取世界一切白首之历史，一火而摧焚之，而专以发挥青春中华之中，缀其一生之美于中以后历史之首页，为其职志，而勿逡巡不前。华者，文明开敷之谓也，华与实相为轮回，即开敷与废落相为嬗代。白首中华者，青春中华本以胚孕之实也。青春中华者，白首中华托以再生之华也。白首中华者，渐即废落之中华也。青春中华者，方复开敷之中华也。有渐即废落之中华，所以有方复开敷之中华。有前之废落以供今之开敷，斯有后之开敷以续今之废落，即废落，即开敷，即开敷，即废落，终竟如是废落，终竟如是开敷。宇宙有无尽之青春，斯宇宙有不落之华，而栽之、培之、灌之、溉之、赏玩之、享爱之者，舍青春中华之青年，更谁与归矣？青年乎，勿徒发愿，愿春常在华常好也，愿华常得青春，青春常在于华也。宜有即华不得青春，青春不在于华，亦必奋其回春再造之努力，使废落者复为开敷，开敷者终不废落，使华不能不得青春，青春个能小在于华之决心也。抑吾闻之化学家焉，土质虽腴，肥料虽多，耕种数载，地力必耗，砂土硬化，无能免也，将欲柔融之，俾再反于丰穰，惟有一种草木为能敛之，为其能由空中吸收窒素肥料，注入土中而沃润之也。神州赤县，古称天府，胡以至今徒有万木秋声、萧萧落叶之悲，昔时繁华之盛，荒凉废落至于此极也！毋亦无此种草木为之交柔和润之耳。青年之于社会，殆犹此种草木之于田畮也。从此广植根蒂，深固不可复拔，不数年间，将见青春中华之参天蓊郁，错节盘根，树于世界，而神州之域，还其丰穰，复其膏腴矣。则谓此菁菁茁茁之青年，即此方复开敷之青春中华可也。

顾人之生也，苟不能窥见宇宙有无尽之青春，则自呱呱堕地，迄于老死，觉其间之春光，迅于电波石火，不可淹留，浮生若梦，道菌鹤马蜩之过乎前耳。是以川土尼父，有逝者如斯之嗟，湘水灵均，兴春秋代序之感。其他风骚雅士，或秉烛夜游；勤事劳人，或重惜分寸。而一代帝王，一时豪富，当其垂暮之年，绝诀之际，贪恋幸福，不忍离舍，每为咨嗟太息，尽其权力黄金之用，无能永一瞬之天年，而重留遗憾于长生之无术焉。秦政并吞八荒，统制四海，固一世之雄也，晚年畏死，遍遣羽客，搜觅神仙，求不老之药，卒未能获，一旦魂断，宫车晚出。汉武穷兵，蛮荒慑伏，汉代之英主也，暮年永叹，空有“欢乐极矣哀情多，少壮几时老奈何”之慨。最近美国富豪某，以毕生之奋斗，博得＄式之王冠，衰病相催，濒于老死，则抚枕而叹曰：“苟能延一月之命，报以千万金弗惜也。”然是又安可得哉？夫人之生也有限，其欲也无穷，以无穷之欲，逐有限之生，坐令似水年华，滔滔东夫，红颜难再，白发空悲，其殆人之无奈天何者欤！涉念及此，灰肠断气，厌世之思，油然而生。贤者仁智俱穷，不肖者流连忘返，而人生之蕲向荒矣，是又岂青年之所宜出哉？人生兹世，更无一刹那不在青春，为甚居无尽青春之一部，为无尽青春之过程也。顾青年之人，或不得常享青春之乐者，以其有黄金权力一切烦忧苦恼机械生活，为青春之累耳。谚云：“百金买骏马，千金买美人，万金买爵禄，何处买青春？”岂惟无处购买，邓氏铜山，郭家金穴，愈有以障医青春之路俾无由达于其境也。罗马亚布达尔曼帝，位在皇极，富有四海，不可谓不尊矣，临终语其近侍，谓四十年间，真感愉快者，仅有三日。权力之不足福人，以视黄金，又无差等。而以四十年之青春，娱心不过三日，悼心悔憾，宁有穷耶？夫青年安心立命之所，乃在循今日主义以进，以吾人之生，洵如卡莱尔所云，特为时间所执之无限而已。无限现而为我，乃为现在，非为过去与将来也。苟了现在，即了无限矣。昔者圣叹作诗，有“何处谁人玉笛声”之句。释弓年小，窃以玉字为未安，而质之圣叹。圣叹则曰：“彼若说‘我所吹本是铁笛，汝何得用作玉笛’。我便云：‘我已用作玉笛，汝何得更吹铁笛？’天生我才，岂为汝铁笛作奴儿婢子来耶？”夫铁字与玉字，有何不可通融更易之处。圣叹顾与之争一字之短长而不惮烦者，亦欲与之争我之现在耳。诗人拜轮，放浪不羁，时人诋之，谓于来世必当酷受地狱之苦。拜轮答曰：“基督教徒自苦于现世，而欲祈福于来世。非基督教徒，则于现世旷逸自遗，来世之苦，非所辞也。”二者相校，但有先后之别，安有分量之差。拜轮此言，固甚矫激，且寓风刺之旨。以余观之，现世有现世之乐，来世有来世之乐。现世有现世之青春，来世有来世之青春。为贪来世之乐与青春，而迟吾现世之乐与青春，固所不许。而为贪现世之乐与青春，遽弃吾来世之乐与青春，亦所弗应也。人生求乐，何所不可，亦何必妄分先后，区异今来也？耶曼孙曰：“尔若爱千古，当利用现在。昨日不能呼还，明日尚未确实。尔能确有把握者，惟有今日。今日之一日，适当明晨之二日。”斯言足发吾人之深省矣。盖现在者吾人青春中之青春也。青春作伴以还于大漠之乡，无如而不自得，更何烦忧之有焉。烦忧既解，恐怖奚为？耶比古达士曰：“贫不足恐，流窜不足恐，囹圄不足恐，最可恐者，恐怖其物也。”美之政雄罗斯福氏，解政之后，游猎荒山，奋其铁腕，以与虎豹熊罴相搏战。一日猎白熊，险遭吞噬，自传其事，谓为不以恐怖误其稍纵即逝之机之效，始获免焉。于以知恐怖为物，决不能拯人于危。苟其明日将有大祸临于吾躬，无论如何恐怖，明日之祸万不能因是而减其豪末。而今日之我，则因是而大损其气力，俾不足以御明日之祸而与之抗也。艰虞万难之境，横于吾前，吾惟有我、有我之现在而足恃。堂堂七尺之躯，徘徊回顾，前不见古人，后不见来者，惟有昂头阔步，独往独来，何待他人之援手，始以遂其生者，更胡为乎念天地之悠悠，独怆然而涕下哉？惟足为累于我之现在及现在之我者，机械生活之重荷，与过去历史之积尘，殆有同一之力焉。今人之赴利禄之途也，如蚁之就膻，蛾之投火，究其所企，克致志得意满之果，而营营扰扰，已逾半生，以孑然之身，强负黄金与权势之重荷以趋，几何不为所重压而僵毙耶？盖其优于权富即其短于青春者也。耶经有云：“富人之欲入天国，犹之骆驼欲潜身于针孔。”此以喻重荷之与青春不并存也。总之，青年之自觉，一在冲决过去历史之网罗，破坏陈腐学说之囹圄，勿令僵尸枯骨，束缚现在活泼泼地之我，进而纵现在青春之我，扑杀过去青春之我，促今日青春之我，禅让明日青春之我。一在脱绝浮世虚伪之机械生活，以特立独行之我，立于行健不息之大机轴。袒裼裸裎，去来无罣，全其优美高尚之天，不仅以今日青春之我，追杀今日白首之我，并宜以今日青春之我，豫杀来日白首之我，此固人生唯一之蕲向，青年唯一之责任也矣。拉凯尔曰：“长保青春，为人生无上之幸福，尔欲享兹幸福，当死于少年之中。”吾愿吾亲爱之青年，生于青春死于青春，生于少年死于少年也。德国史家孟孙氏，评鹭锡札曰：“彼由青春之杯，饮人生之水，并泡沫而干之。”吾愿吾亲爱之青年，擎此夜光之杯，举人生之醍醐浆液，一饮而干也。人能如是，方为不役于物，物莫之伤。大浸稽天而不溺，大旱金石流土白焦而不热，是其尘垢秕糠，将犹陶铸尧、舜。自我之青春，何能以外界之变动而改易，历史上残骸枯骨之灰，又何能塞蔽青年之聪明也哉？市南宜僚见鲁侯，鲁侯有忧色，市南子乃示以去累除忧之道，有曰，“吾愿君去国捐俗，与道相辅而行。”君曰：“彼其道远而险，又有江山，我无舟车，奈何?”市南子曰：“君无形倨，无留居，以为君车。”君曰：“彼其幽远而无人，吾谁与为邻？吾无粮，我无食，安得而至焉?”市南子曰：“少君之费，寡君之欲，虽无粮而乃足，君其涉于江而浮于海，望之而不见其崖，愈往而不知其所穷，送君者将自崖而反，君自此远矣。”此其谓道，殆即达于青春之大道。青年循蹈乎此，本其理性，加以努力，进前面勿顾后，背黑暗而向光明，为世界进文明，为人类造幸福，以青春之我，创建青春之家庭，青春之国家，青春之民族，青春之人类，青春之地球，青春之宇宙，资以乐其无涯之生。乘风破浪，迢迢乎远矣，复何无许留春望尘莫及之忧哉？吾文至此，已嫌冗赘，请诵漆园之语，以终斯篇。

1916 年 9 月 1 日

“新青年”第 2 卷第 1 号

署名：李大钊

孔子与宪法

孔子与宪法，渺不相涉者也。吾今以此标题，宁非怪诞之尤。然于怪诞标题之前，久已有怪诞事实之发见。本报之功用，颇重写实。此怪诞之标题，盖因怪诞之事实面生也，岂得已哉？

怪诞之事实者，何也？则宪法草案中规定“国民教育以孔子之道为修身大本”之事是也。云何以此为怪诞？最宜以孔子与宪法为物之性质两相比证，则知以怪诞之名加之者，为不妄矣。

孔子者，数千年前之残骸枯骨也。宪法者，现代国民之血气精神也。以数千年前之残骸枯骨，入于现代国民之血气精神所结晶之宪法，则其宪法将为陈腐死人之宪法，非我辈生人之宪法也；荒陵古墓中之宪法，非光天化日中之宪法也；护持偶象权威之宪法，非保障生民利益之宪法也。此孔子之纪念碑也。此孔子之墓志铭也。宪法云乎哉！宪法云乎哉！

孔子者，历代帝王专制之护符也。宪法者，现代国民自由之证券也。专制不能容于自由，即孔子不当存于宪法。今以专制护符之孔子，入于自由证券之宪法，则其宪法将为萌芽专制之宪法，非为孕育自由之宪法也；将为束制民彝之宪法，非为解放人权之宪法也；将为野心家利用之宪法，非为平民百姓日常享用之宪法也。此专制复活之先声也。此乡愿政治之见端也。宪法云乎哉！宪法云乎哉！

孔子者，国民中一部分所谓孔子之徒者之圣人也。宪法者，中华民国国民全体无问其信仰之为佛为耶，无问其种族之为蒙为回，所资以生存乐利之信条也。以一部分人尊崇之圣人，入于全国所托命之宪法，则其宪法将为一部分人之宪法，非国民全体之宪法也；所谓孔教徒之宪法，非汉、满、蒙、藏、回、释、道、耶诸族诸教共同遵守之宪法也；乃一小社会之宪法，非一国家之宪法也。此挑动教争之呼声也。此离析蒙藏之口令也。宪法云乎哉！宪法云乎哉！

孔子之道者，含混无界之辞也。宪法者，一文一字均有极确之意义，极强之效力者也。今以含混无界之辞，入于辞严力强之宪法，无论实施之效力，不克普及于全国，即此小部分之人，将欲遵此条文，亦苦于无确切之域以资循守。何者为孔子之道？何者为非孔子之道？必如何始为以孔子之道为修身之大本？必如何则否？此质之主张规定此条之议宪诸君，亦将瞠目而莫知所应。须知一部之失效宪法，全体之尊严随之，此宪法之自杀也，此宪法自取消其效力之告白也。然则辛苦经营，绞诸公数月之脑血，耗国家数月之金钱以从事于制定宪法之劳者，不几为无意义乎？

总之宪法与孔子发生关系，为最背于其性质之事实。吾人甚希望于二读会时，删去此项，以全宪法之效力。此一部尊崇孔子之人，尽可听其自由以事传播。国家并无法律以禁止之，社会并可另设方法以奖助之，何必定欲以宪法之权威，为孔子壮其声势，俾他种宗教、他种学派不得其相当之分于宪法而后快于心欤？

1917 年 1 月 30 日

“甲寅”日刊

署名：守常

自然的伦理观与孔子

余既绝对排斥以孔道规定于宪法之主张，乃更进而略述自然的伦理观，以判孔子于中国今日之社会，其价值果何若者。

吾人生于今日之知识世界，唯一自然之真理外，举不足劳吾人之信念，故吾人之伦理观，即基源于此唯一自然之真理也。历稽中国、印度，乃至欧洲之自古传来之种种教宗哲派，要皆以宇宙有一具绝对理性、绝对意思之不可思议的、神秘的大主宰。曰天，曰神，曰上帝，曰绝对，曰实在，曰宇宙本源，曰宇宙本体，曰太极，曰真如，名称虽殊，要皆指此大主宰而言也。由吾人观之，其中虽不无一二叶于学理的解释，而其或本宗教之权威，或立理想之人格，信为伦理之渊源而超乎自然之上，厥说盖非生于今日世界之吾人所足取也。

吾人以为宇宙乃无始无终自然的存在。由宇宙自然之真实本体所生之一切现象，乃循此自然法而自然的、因果的、机械的以渐次发生渐次进化。道德者，宇宙现象之一也。故其发生进化亦必应其自然进化之社会。而其自然变迁，断非神秘土宰之惠与物，亦非古昔圣哲之遗留品也。

余谓孔子为数千年前之残骸枯骨，闻者骇然，虽然无骇也。孔子于其生存时代之社会，确足为其社会之中枢，确足为其时代之圣哲，其说亦确足以代表其社会其时代之道德。使孔子而生于今日，或更创一新学说以适应今之社会，亦未可知。而自然的势力之演进，断非吾人推崇孔子之诚心所能抗，使今日返而为孔子之时代之社会也。而孔子又一死而不可使之复生于今日，以反乎今日之社会而变易其说也。则孔子之于今日之吾人，非残骸枯骨而何也？

余谓孔子为历代帝王专制之护符，闻者骇然，虽然无骇也。孔子生于专制之社会，专制之时代，自不能不就当时之政治制度而立说，故其说确足以代表专制社会之道德，亦确足为专制君主所利用资以为护符也。历代君主，莫不尊之祀之，奉为先师，崇为至圣。而孔子云者，遂非复个人之名称，而为保护君主政治之偶象矣。使孔子而生于今日，或且倡民权自由之大义，亦未可知。而无如其人已为残骸枯骨，其学说之精神，已不适于今日之时代精神何也！故余之掊击孔子，非掊击孔子之本身，乃掊击孔子为历代君主所雕塑之偶数的权威也；非掊击孔子，乃掊击专制政治之灵魂也。

盖尝论之，道德者利便于一社会生存之习惯风俗也。古今之社会不同，古今之道德自异。而道德之进化发展，亦泰半由于自然淘汰，几分由于人为淘汰。孔子之道，施于今日之社会为不适于生存，任诸自然之淘汰，其势力迟早必归于消灭。吾人为谋新生活之便利，新道德之进展，企于自然进化之程，少加以人为之力，冀其迅速蜕演，虽冒毁圣非法之名，亦所不恤矣。

1917年2月4日　“甲寅”日刊

署名：守常

战争与人口问题

余曩居日本，时闻彼邦政界山斗，奋勖其国人者，辄提二义以相警惕。彼谓地球之面积有限，人口之增庶无穷，吾人欲图生存，非依武力以为对外之发展不可。盖优胜劣败，弱肉强食，天演之义，万无可逃者也。此其所据，全根于马尔萨斯之人口论与达尔文之天演论。

余之举此，以证今世列国对于战争之观念，其的志乃在赖以解决己国之人口问题。夫人口过庶，固当求解决之道，而以战争以解决之，乃无异于堕胎自杀也。观于近日交战国之面包问题日益危迫，足知饥馑之来逼，全为战争之所赐。Proudhon 氏“战争乃饥馑之子”之言，今乃适居其反，而以战争解决人口问题之迷梦，可以破矣。

吾人虽不欲苛论古人，而对于马氏人口论所授近世侵略家以口实之事实，亦不敢为之曲讳。余乃审马氏之说而妄为之评焉。马氏人口论之要旨，在谓地球之面积有限，地之生产力又为报酬递减之法则所制，而有一定之限度不能超越，故食物增加之率为算术的，而人口增殖之率则为几何的。人类苟不自节其欲以限制其出生，从其本能之所之，必陷于人口过庶之境，而饥馑灾病夭折之祸殃，战争掠夺自杀杀人堕胎等之罪恶，乃以不免。人欲避是等祸殃与罪恶，当以节欲洁身之德，自度其生计之能力，而后娶妻生子，此患或可减免，舍此更无他道。达尔文之天演论，盖深感于斯说而著也。余谓斯说所有助长战争之恶影响者，半由其说本身之不完，半由野心家之利用。由今考之，各国不惟无人口过庶之忧，且有过减之虑。征之英、法、美诸邦之统计，皆有此等倾向，此其说之不完者一。就令果过庶焉，人类自具无限之天能，宇宙自有无尽之物力，以无限之天能求无尽之物力，当可自处其生，使之裕如而得养，初非必待节欲始克遏其势者。又况纯应限制出生预防人口之过庶，究能奏效与否，尚为一疑问，此其说之不完者二。准此以谈，土地报酬递减之律，亦非必绝对不可抗者，盖所谓文明即人类发挥其天赋之能以与自然势力抗敌之度也。人类本能之势力日增，自然之势力日减，即文明之程度益进。今世之声、光、电、汽，无非人类依其开发之资能，战胜自然势力之虏获品。使无文明之进步，则声之不能传，光之不能显，电汽之不能应用以缩小时间与空间，其为不可抗之势力，何尝不与土地报酬递减之律相等。顾以人类思究之精，发明之巧，飞机可回旋于空碧，潜艇可横行于海底，汽车、汽船可以较少之时日绕遍坤舆一周，无线电可以瞬息之刹那环星球数度，而一一战胜自然以有若是之成功，安见地力之所包蓄者，尽于今日人智所能发见之度而不可以文明之势力抗之欤？此其说之不完三。马氏既认定人口过庶为确定之事实，复认定报酬递减为无抗之法则，遂谓微人各准其生计之度，以自行节欲、限制出生，则战争等等之灾殃罪恶，将为必然之结果。一方忘却人类反抗自然之本能，一方暗示人类以战争之难免，乃以隐中人类卑弱之心理，潜滋其贪惰之根性，而人生之祸烈矣。此其说之不完四。有此四者，野心家乃取以与达尔文之天演论并为文饰侵略之材料，奖励战争之口实，以有今日之惨祸。今而犹不揭出救济人口过庶之正当途径，与夫人类好战之真实原因，长此相杀，以争自存，余诚不知以心灵理性超绝万类自夸之人类，视禽兽之互相吞噬者，相去何几耶？

余维今日战争之真因，不在人满乏食，乃在食与惰之根性未除。以自享之物为未足，而欲强夺他人之所有，是谓之贪。不思竭自己之勤奋，求新增之创造，以为自养，徒患自然惠与之不足，是调之惰。惟贪与惰，实为万恶之原。人间种种罪恶，皆丛伏于此等恶劣之心理。斯而不除，即使举世之人，其生活程度一跃而皆能伍于欧美中等以上之社会，争城争地之事，亦岂能尽免者。吾人果以人口过庶为忧，亦当知人口所以过庶者，必为其群贪惰自弃之结果。欲有以救之，惟在祓除此等根性，是乃解决人口问题之正当途径，销弭战争惨象之根本方策也。

最后当附一言者，余虽对于马说有所非难，然并不抹煞其说于经济学上之价值，悬其说以为警戒，使人益知奋进，以谋文明之发展。稍存贪惰之心，必来穷乏之患，而以无敢邻于怠荒焉。余虽不敢信其节欲以限制出生之说有显著之效果，但亦绝不否认其说之本旨。余谓此事之当然，与其著眼于经济，毋宁立脚于伦理，盖恐使人误认解决人口问题之道，舍此更无他术，因而自忘创造文明之努力，自疑销弭战争之可能。此则余作本文之微意也矣。

1917 年 3 月 30 日

“甲寅”日刊

署名：守常

真理之权威

余曩在本报著论，谓："余信宇宙间有唯一无二之真理。孔子、释迦、耶稣辈之于此真理，皆为近似得半，偏而弗全。故吾人今日与其信孔子、信释迦、信耶稣，毋宁信真理。"时贤多以为与目今之社会不相应，颇以为过。余友仲公，著"丁巳杂志"卷首发端，即陈此义曰："……今日学术社会之不发达，与思想界之窒塞、腐败所由致之使然，其责认者固应分之，即著者亦乌能辞其咎。浅演之群，其智不足与语高深，譬执今之人而劝之，宁崇拜真理，勿崇拜孔子，必将哗然群詈，訾为大逆。虽有至理，其不能以入焉，固也。然彼之不知崇拜真理固愚，而我曰，汝勿崇拜孔子，亦过喻之理而挑之怒，将求我信，宜乎其难。……"似为针砭余言而发者也。余既拜赐良友药石之箴，复喜余崇拜真理之主张，实已得吾友之同情，又进而以其委婉曲谅之言，展转以渐入社会之心趣，而潜消其訑訑同拒之程，益信真理之权威，不以流俗社会之未喻，而有所损削。余此后持真理以发言立义之气，用益壮矣。

言论之挟有真理与否，在其言论本身之含有真理之质与否。

苟其言之确合于真理，虽一时之社会不听吾说，且至不容吾身，吾为爱真理之故，而不敢有所逡巡嗫嚅以迎附此社会；苟其言之确背乎真理，虽一时之社会欢迎吾说，而并重视吾身，吾为爱真理之故，而不教有所附和唯阿，以趋承此社会。为其持诚以遭世厌绝，犹胜违心以博世优容。前者则幸免于自欺，后者则已陷于欺人。以言违时之弊犹小，以言惑世之弊乃无穷焉。故吾人执笔以临社会，其当拳拳服膺、严矢勿失者，一在查事之精，一在推论之正。二者变备，则逻辑之用以昭，而二者之中，尤以据乎事实为要。盖背乎逻辑之推论，苟为根于事实而设者，视合乎逻辑之推论，其所据全属子虚者，厥失为少。盖事实确而推论妄者，有时而或可合，推论正而事实虚者，则永世而无其果。吾人论事析理，亦但求其真实之境而已，一时幻妄之象，虚伪之用，举不足移易吾人真理之主张也。

然而宇宙之内，万象森列，以一人之智察，而欲洞明一切应有尽有之实体，戛乎其难。即令各人竭其所知，以求真理之所在，而见仁见智，又人人殊，此其为道，不几一分而不可复合，一乱而不可复理，将言真理者愈众，求真理者愈多，而真理之为物愈以湮没而不彰乎？曰，此不足以障真理之表显也。吾人各有其知力，即各有其知力所能达之境，达于其境而确将其所信以示之人，此即其人所见之真理也。言真理者之所谓真理，虽未必果为真理，即含有真理，而亦未必全为真理。而能依其自信以认识其所谓真理者，即或违于真理，真理亦将介其自信之力以就之。故言论家欲求见信于社会，必先求所以自信社会之人，能自信者众，则此自信之众，即足成其社会之中枢，而能轨范其群于进步向上之途矣。故真理者，人生之究竟，而自信者，又人生达于真理之途径也。

人生最高之理想，在求达于真理。故自呱呱堕地之时，即求光明于兹世，向葬于幽暗之域，乃为死亡之特征。然则吾人苟有所自信，初不必计及社会之于吾言，或遵为天经地义，抑斥为邪说淫辞。古今来之天经地义，未必永为天经地义，而邪说淫辞，则又未必果为邪说淫辞也。法律禁之，固所不许，社会压之，亦非得宜，使人人皆慑于社会心理之势力，而苟且姑息，以与之因循敷衍，不惜枉其所信以暂屈于现状维持之下者，亦觉于真理之生涯未能彻底。平情论之，社会之进演、进步与秩序宜并重之。即高悬理想与俯就社会之言论，亦当兼容互需而不可有所偏废，此立宪政治之所以重乎言论，而言论之所以重乎自由也。虽其立言之旨，不容于当世，要其助益进步之功，亦与渐世之言论为用相等，或且过之。方其一群之中，犹自封于前人先圣之说，骤闻之，或且訾为离经畔道之徒，而于其说乃扞格而不相入。究之自有此离经畔道之说，一于世人之思想，着其痕影，虽受之者期期以为不可，而由斯已得正负相反之意象，并列杂陈，以于不知不识之间，动其坚固不拔之单纯思能，彼纵始终对于斯说，深恶痛绝，而有较为和缓委曲之说，以向之陈说，斯其言之虽不得直接以承其信许者，而间接以收调剂之功，已为不少。即认步言之，此种骇世之言论，直接间接丝毫不为并世之人所用，亦不足以沮立言者之气，而遂默持其所信以终于暗昧之乡。此其事，古人有行之者矣！杨朱为我之说，墨翟兼爱之旨，固二子所信为真理者也，而孟轲之徒，则距之辟之，不遗余力，以无父无君罪之为禽兽。然自今日观之，其说于中国周秦时代哲学上之价值，固不减于孔、孟，已为中外学者所公认矣。李卓吾氏究讨内典，得罪儒宗，举世儒生，尽情谤僇，几不侪于人类之伦，卒至囚其人，火其书，然而卓吾当日，固明知其书必遭焚毁之厄，而犹自榜其书曰"焚书"，将其所信，表而出之，而今其书固犹流在人间也。苏格拉的当其身，尝以慢神不道之罪，而受国人之众推廷鞫，终以受戮矣；耶稣基督，亦以逆天之罪受时人之磔杀，流血于十字架上矣；近代俄之大儒托尔斯泰氏，亦尝见嫉于政府，破门于宗教矣。然而今世之人，或则崇为哲家，或则尊为教主，或则称为旷代文豪，此以知言论之权威，即不行于当时，犹能存于异代；虽或见厄于社会，仍可自信于良知也。余爱自信之言论，余尤爱自由之言论。盖言论而基于自信本于自由者，虽不必合于真理，而与真理为邻。余虽为急进之言论，余并不排渐进之言论，盖言论而发于良知之所信，无论其为急进、为渐进，皆能引于进步之境，而达于真理之生涯也。余故以真理之权威，张言论之权威，以言论之自由，示良知之自由，而愿与并世明达共勉之矣。

1917 年 4 月 17 日

"甲寅"日刊

署名：守常

此 日

（致“太平洋”杂志记者）

记者足下：

光阴荏苒，民国建立，匆匆六年，今日又为民国六年之国庆日矣。仆于此日，淹滞沪滨，散步江头，百感交集。飘飘国徽，翻扬空碧，其与吾人以绝强之印触者，诚不知是悲是喜！但一回溯此六年中，风尘澒洞，戎马仓皇，此万众欢呼之国庆日，殆皆于风鹤中度之。吾民丁兹新旧嬗更之交，喘息未安，惊魂又丧，流离转徙，思痛抑且未遑，庸能忭欣鼓舞从容逸乐以为庆祝。此以知新命诞生之难，而国民所以为之努力者，益不容稍怠也矣。

仆尝论之，大凡新命之诞生，新运之创造，必经一番苦痛为之代价。而能忍此苦痛以赴之者，为足尽诞生新命创造新运之努力。美利坚之独立，必历八年之血战，始能告厥成功。法兰西自由之花，必有数十年牺牲之血以灌溉之，始有今日之繁茂。最近俄人且于酣战之中，不惮高树赤旗，以奠自由民主之基。凡其国民所不敢避之苦痛，即其国民所不容委之努力也。向使三国之民，畏难苟安，避苦痛而自弃其当尽之努力，则自由之惠与虽丰，恐不及于三国之民也。

吾以老大衰朽之邦，风烛残年，始有新中华之诞育，先天遗传之病惰种子，在在皆足以沉滞新命发育之机能，甚且有流产胎殇之恐焉。故吾人于新命诞孕之中，所当尽之努力，所当忍之苦痛，尤须百倍于美、法、俄诸国之民。前路茫茫，非旦夕之间所能竟此大任。此则国庆日者，乃新中华诞孕之纪念日，非新中华长成之纪念日；乃吾民开始努力之纪念日，非吾民太平歌舞之纪念日；乃吾民勇于牺牲之足庆，非吾民臻于安乐之足庆也。

年来国事之坏，造因固自多种，而最足痛心者，乃为党争一事。其在平时，各党人士之立言，多属一偏之辞，绝少同情之论。独于今日，乃罔不以奋斗拥护共和自矢，仿佛良知所诏，惟于此日，恩怨都消，各愿以其真实诚挚之天良，质诸神明，贡之国家。夫人非圣贤，岂能无过，惟善修养者，每于昧爽平旦之际，深自省察，故能复其明德。大局至斯，平心论之，亦岂一党一派之过。但望各派人士，皆以此日为一年中复旦之机，痛自忏悔，则往者已矣，未来之事，待各派人士之猛省以图补救者，尚自多端。国人苟犹有悔祸之心，请即以今日为洗心忏悔之日可矣。

昔者，德人蓄战英之志，尝胆卧薪，举国皆是，军士于杯酒酬酢之间，相与谈及，辄以“此日”（The Day）一语代之。仆今亦愿持此语赠吾国民，斯非必如德人之指与某国交战之日，亦谓由此亿万斯年，年年都有“此日”，等闲过之，宁复有何意味，即或唏嘘凭吊，徒回顾过去以为可歌可哭之节令，而忘却未来活跃精进之生涯，亦岂兴国之民所应出者。窃以世运所逼，吾人仔肩所负之责任，愈益繁重。宜自今日起，至翌年此日，划为一期间，来年以下，亦复如是，而皆定其应做之事业，立其应达之目的。即以此未来之一年，为吾国民历史之一页空白，待吾人本其优洁美尚之理想，施其敏断刚毅之努力以绚书之，期于必达，勿稍怠荒，月异岁新，与时俱进，页页联缀，永续无穷。以过去之此日为纪念，以未来之此日为理想；以过去之此日为陈迹，以未来之此日为前程，如是推嬗，吾人之此日无空期，即吾人之进步无止境。然则新中华无疆之休，将以此日为发轫之始矣。

抑吾尤有感者，黄花岗畔，汉水潮中，先烈之殉共和以死者，固不知其几千万辈。此日招魂望祭，国家之所以崇报忠良，宜如何庄重其典礼，厚恤其遗族；而今酬勋授位，乃厚生而薄死，国庆之日，文虎嘉禾，勋章雨下，甚且洪宪帝孽，造反罪魁，咸膺上赏，独不闻于殉国先烈之丘墓、遗族有所瞻顾。在死者一瞑不顾，生前已为其国尽最终之努力以去，英灵在天，尚复何憾，区区后人之荣封祀祷，奚足以慰死者于九京，然而国家社会，薄待英雄至于若此，吾人坐食先烈之赐，诚于心有弗安者矣。

嗟夫！国有英贤，不幸而生于嫉贤妒能之社会，于其生前，既饱受世之诋毁排挤，而悲愤抑郁以殒厥身，因与兹世生死辞矣。今乃以其人之既死，与人无患，与世无争，与生者之名誉地位无所妨害，始肯稍事敷衍，而此嫉贤妒能之心理，犹不能从死者以葬于坟墓之中，转而移注于其他未死之辈，风俗人心之坏，是则堪为痛哭者也。

偶有所感，以稔足下，非志庆之辞，乃伤心之语也。余不白。

国庆日 L. S. C. 生白

1917 年 10 月 15 日

“太平洋”第 1 卷第 7 号

署名：L. S. C. 生

“今”

我以为世间最可宝贵的就是“今”，最易丧失的也是“今”。因为他最容易丧失，所以更觉得他可以宝贵。

为什么“今”最可宝贵呢？最好借哲人耶曼孙所说的话答这个疑问：“尔若爱千古，尔当爱现在。昨日不能唤回来，明天还不确实，尔能确有把握的就是今日。今日一天，当明日两天。”

为什么“今”最易丧失呢？因为宇宙大化，刻刻流转，绝不停留。时间这个东西，也不因为吾人贵他爱他稍稍在人间留恋。试问吾人说“今”说“现在”，茫茫百千万劫，究竟那一刹那是吾人的“今”，是吾人的“现在”呢？刚刚说他是“今”是“现在”，他早已风驰电掣的一般，已成“过去”了。吾人若要糊糊涂涂把他丢掉，岂不可惜！

有的哲学家说，时间但有“过去”与“未来”，并无“现在”。有的又说，“过去”、“未来”皆是“现在”。我以为“过去未来皆是现在”的话倒有些道理。因为“现在”就是所有“过去”流入的世界，换句话说，所有“过去”都埋没于“现在”的里边。故一时代的思潮，不是单纯在这个时代所能凭空成立的。

不晓得有几多“过去”时代的思潮，差不多可以说是由所有“过去”时代的思潮一凑合而成的。吾人投一石子于时代潮流里面，所激起的波澜声响，都向永远流动传播，不能消灭。屈原的“离骚”，永远使人人感泣。打击林肯头颅的枪声，呼应于永远的时间与空间。一时代的变动，绝不消失，仍遗留于次一时代，这样传演，至于无穷，在世界中有一贯相联的永远性。昨日的事件与今日的事件，合构成数个复杂事件。此数个复杂事件与明日的数个复杂事件，更合构成数个复杂事件。势力结合势力，问题牵起问题。无限的“过去”都以“现在”为归宿，无限的“未来”都以“现在”为渊源。

“过去”、“未来”的中间全仗有“现在”以成其连续，以成其永远，以成其无始无终的大实在。一掣现在的铃，无限的过去未来皆遥相呼应。这就是过去未来皆是现在的道理。这就是“今”最可宝贵的道理。

现时有两种不知爱“今”的人：一种是厌“今”的人，一种是乐“今”的人。

厌“今”的人也有两派：一派是对于“现在”一切现象都不满足，因起一种回顾“过去”的感想。他们觉得“今”的总是不好，古的都是好。政治、法律、道德、风俗全是“今”不如古。此派人唯一的希望在复古。他们的心力全施于复古的运动。一派是对于“现在”一却现象都不满足，与复古的厌“今”派全同。但是他们不想“过去”，但盼“将来”。盼“将来”的结果，往往流于梦想，把许多“现在”可以努力的事业都放弃不做，单是耽溺于虚无缥渺的空玄境界。这两派人都是不能助益进化，并且很足阻滞进化的。

乐“今”的人大概是些无志趣无意识的人，是些对于“现在”一切满足的人。觉得所处境遇可以安乐优游，不必再商进取，再为创造。这种人丧失“今”的好处，阻滞进化的潮流，同厌“今”派毫无区别。

原来厌“今”为人类的通性。大凡一境尚未实现以前，觉得此境有无限的佳趣，有无疆的福利。一旦身陷其境，却觉不过尔尔，随即起一种失望的念、厌“今”的心。又如吾人方处一境，觉得无甚可乐，而一旦其境变易，却又觉得其境可恋，其情可思。前者为企望“将来”的动机，后者为反顾“过去”的动机。但是回想“过去”，毫无效用，且空耗努力的时间。若以企望“将来”的动机，而尽“现在”的努力，则厌“今”思想却大足为进化的原动。乐“今”是一种惰性（Inertia），须再进一步，了解“今”所以可爱的道理，全在凭他可以为创造“将来”的努力，决不在得他可以安乐无为。

热心复古的人，开口闭口都是说“现在”的境象若何黑暗，若何卑污，罪恶若何深重，祸患若何剧烈。要晓得“现在”的境象倘若真是这样黑暗，这样卑污，罪恶这样深重，祸患这样剧烈，也都是“过去”所遗留的宿孽，断断不是“现在”造的。全归咎于“现在”是断断不能受的。要想改变他，但当努力以创造将来，不当努力以回复“过去”。

照这个道理讲起来，大实在的瀑流永远由无始的实在向无终的实在奔流。吾人的“我”，吾人的生命，也永远合所有生活上的潮流，随着大实在的奔流，以为扩大，以为组织，以为进转，以为发展。故实在即动力，生命即流转。

忆独秀先生曾于“一九一六年”文中说过，青年欲达民族更新的希望，“必自杀其一九一五年之青年，而自重其一九一六年之青年。”我尝推广其意，也说过人生唯一的蕲向，青年唯一的责任，在“从现在青春之我，扑杀过去青春之我，促今日青春之我，禅认明日青春之我。”“不仅以今日青春之我，追杀今日白首之我，并宜以今日青春之我，豫杀来日白首之我。”实则历史的现象，时时流转，时时变易，同时还遗留永远不灭的现象和生命于宇宙之间，如何能杀得？所谓杀者，不过使今日的“我”不仍旧沉滞于昨天的“我”。而在今日之“我”中固明明有昨天的“我”存在。不止有昨天的“我”，昨天以前的“我”，乃至十年二十年百千万亿年的“我”都俨然存在于“今我”的身上。然则“今”之“我”，“我”之“今”，岂可不珍重，自将为世间造些功德？稍一失脚，必致遗留层层罪恶种子于“未来”无量的人，即未来无量的“我”，永不能消除，永不能忏悔。

我请以最简明的一句话写出这篇的意思来：

吾人在世，不可厌“今”而徒回思“过去”，梦想“将来”，以耗误“现在”的努力。又不可以“今”境自足，毫不拿出“现在”的努力，谋“将来”的发展。宜善用“今”，以努力为“将来”之创造。由“今”所造的功德罪孽，永久不灭。故人生本务，在随实在之进行，为后人造大功德，供永远的“我”享受，扩张，传袭，至无穷极，以达“宇宙即我，我即宇宙”之究竟。

1918 年 4 月 15 日
“新青年”第 4 卷第 4 号
署名：李大钊

新的！旧的！

宇宙进化的机轴，全由两种精神运之以行，正如车有两轮，鸟有两翼：一个是新的，一个是旧的。但这两种精神活动的方向，必须是代谢的，不是固定的；是合体的，不是分立的，才能于进化有益。

中国人今日的生活全是矛盾生活，中国今日的现象全是矛盾现象。举国的人都在矛盾现象中讨生活，当然觉得不安，当然觉得不快，既是觉得不安不快，当然要打破此矛盾生活的阶级，另外创造一种新生活，以寄顿吾人的身心，慰安吾人的灵性。

矛盾生活，就是新旧不调和的生活，就是一个新的，一个旧的，其间相去不知几千万里的东西，偏偏凑在一处，分立对抗的生活。这种生活，最是苦痛，最无趣味，最容易起冲突。这一段国民的生活史，最是可怖。

欲研究一国家或一都会中其一时期人民的生活，任取其生活现象中的一粒微尘而分析之，也能知道其生活全部的特质。一个都会里一个人所穿的衣服，就是此都会里最美的市场中所陈设的；一个人的指爪上的一粒炭灰，就是由此都会里最大机械场的烟突中所飞落的。既同在一个生活之中，刹刹尘尘都含有全体的质性，都有着全体的颜色。

我前岁在北京过年，刚过新年，又过旧年，看见贺年的人，有的鞠躬，有的拜跪，有的脱帽，有的作揖，有的在门首悬挂国旗，有的张贴春联，因而起了种种联想。

想起黄昏时候走在街头，听见的是更夫的梆子丁丁的响，看见的是站岗巡警的枪刺耀耀的亮。更夫是旧的，巡警是新的。要用更夫，何用巡警？既用巡警，何用更夫？

又想起我国现已成了民国，仍然还有甚么清室。吾侪小民，一面要负担议会及公府的经费，一面又要负担优待清室的经费。民国是新的，清室是旧的，既有民国，那有清室？若有清室，何来民国？

又想起制定宪法。一面规定信仰自由，一面规定“以孔道为修身大本”。信仰自由是新的，孔道修身是旧的。既重自由，何又迫人来尊孔？既要迫人尊孔，何谓信仰自由？

又想起谈论政治的。一面主张自我实现，一面鼓吹贤人政治。自我实现是新的，贤人政治是旧的。既要自我实现，怎行贤人政治？若行贤人政治，怎能自我实现。

又想起法制习俗。一面立禁止重婚的刑律，一面许纳妾的习俗。禁止重婚的刑律是新的，纳妾的习俗是旧的。既施刑律，必禁习俗；若存习俗，必废刑律。

以上所说不过一时的杂感，其余类此者尚多。最近又在本志上看见独秀先生与南海圣人争论，半农先生向投书某君棒喝。以新的为本位论，南海圣人及投书某君最少应该生在百年以前。以旧的为水位论，独秀、半农最少应生在百年以后。此等“风马牛不相及”的人物思想，竟不能不凑在一处，立在同一水平线上来讲话，岂个是绝大憾事！中国今日生活现象矛盾的原因，全在新旧的性质相差太远，活动又相邻太近。换句话说，就是新旧之间，纵的距离太远，横的距离太近，时间的性质差的太多，空间的接触逼的太紧。同时同地不容并有的人物、事实、思想、议论，走来走去，竟不能不走在一路来碰头，呈出两两配映、两两对立的奇观。这就是新的气力太薄，不能努力创造新生活，以征服旧的的过处了。

我常走在前门一带通衢，觉得那样狭隘的一条道路，其间竟能容纳数多时代的器物；也有骆驼轿，也有上贴“借光二哥”的一轮车，也有骡车、马车、人力车、自转车、汽车等，把二十世纪的东西同十五世纪以前的汇在一处。轮蹄轧轧，汽笛呜呜，车声马声，人力车夫互相唾骂声，纷纭错综，复杂万状，稍不加意，即遭冲轧，一般走路的人，精神很觉不安。推一轮车的讨厌人力车、马车、汽车，拉人力车的讨厌马车、汽车，赶马车的又讨厌汽车。反说回来，也是一样。新的嫌旧的妨阻，旧的嫌新的危险。照这样层级论，生活的内容不止是一种单纯的矛盾，简直是重重叠叠的矛盾。人生的径路，若是为重重叠叠的矛盾现象所塞，怎能急起直追，逐宇宙的文化前进呢？仔细想来，全是我们创造的能力缺乏的原故。若能在北京创造一条四通八达的电车轧路，我想那时乘坐驼轿、骡车、人力车等等的人，必都舍却这些笨拙迂腐的器具，来坐迅速捷便的电车，马路上自然绰有余裕，不象那样拥挤了。即于寥寥的汽车、马车、自转车等依然通行，因为与电车纵的距离不甚相远，横的距离又不象从前那样逼近，也就都有容头过身的道路了，也就没有瓦相嫌恶的感情了，也就没有那样容易冲突的机会了。

因此我很盼望我们新青年打起精神，于政治、社会、文学、思想种种方面开辟一条新径路，创造一种新生活，以包容覆载那些残废颓败的老人，不但使他们不妨害文明的进步，且使他们也享享新文明的幸福，尝尝新生活的趣味，就象在北京建造电车轨道，输运从前那些乘驼轿、骡车、人力车的人一般。打破矛盾生活，脱去二重负担，这全是我们新青年的责任，看我们新青年的创造能力如何？

进！进！进！新青年！

1918 年 5 月 15 日

“新青年”第 4 卷第 5 号

署名：李大钊

法俄革命之比较观

俄国革命最近之形势，政权全归急进社会党之手，将从来之政治组织、社会组织根本推翻。一时泯棼之象，颇足致战国者之悲观。吾邦人士，亦多窃窃焉为之抱杞忧者。余尝考之。一世纪新文明之创造，新生命之诞生，其机运每肇基于艰难恐怖之中，征之历史，往往而是。方其艰难缔造之初，流俗惊焉，视此根本之颠覆，乃为非常之祸变，抑知人群演进之途辙，其最大之成功，固皆在最大牺牲、最大痛苦之后。俄国今日之革命，诚与昔者法兰西革命同为影响于未来世纪文明之绝大变动。在法兰西当日之景象，何尝不起世人之恐怖、惊骇而为之深抱悲观。尔后法人之自由幸福，即奠基于此役。岂惟法人，十九世纪全世界之文明，如政治或社会之组织等，罔不胚胎于法兰西革命血潮之中。二十世纪初叶以后之文明，必将起绝大之变动，其萌芽即茁发于今日俄国革命血潮之中，一如十八世纪末叶之法兰西亦未可知。今之为俄国革命抱悲观者，得毋与在法国革命之当日为法国抱悲观者相类欤。

或者谓法人当日之奔走呼号，所索者“自由”，俄人今日之涣汗绝叫，所索者“面包”。是法人当日之要求，在精神在理性之解放，俄人今日之要求，在物质在贪欲之满足。俄人革命之动机视法人为鄙，则俄人革命之结果，必视法人为恶。且在法国当日，有法兰西爱国的精神，足以维持法兰西之人心。而今日之俄国无之，故法人虽冒万险以革命，卒能外御强敌内安宗国，确立民主之基业，昌大自由之治化，将来俄人能否恢复秩序，重建组织，如当年法人之所为，殊为一大疑问。不知法兰西之革命是十八世纪末期之革命，是立于国家主义上之革命，是政治的革命而兼含社会的革命之意味者也。俄罗斯之革命是二十世纪初期之革命，是立于社会主义上之革命，是社会的革命而并著世界的革命之采色者也。时代之精神不同，革命之性质自异，故迥非可同日而语者。法人当日，固有法兰西爱国的精神，足以维持其全国之人心；俄人今日，又何尝无俄罗斯人道的精神，内足以唤起其全国之自觉，外足以适应世界之潮流，倘无是者，则赤旗飘飘举国一致之革命不起。且其人道主义之精神，入人之深，世无伦比。数十年来，文豪辈出，各以其人道的社会的文学，与其专擅之宗教政治制度相搏战。迄今西伯利亚荒寒之域，累累者固皆为人道主义牺牲者之坟墓也。此而不谓之俄罗斯人之精神殆不可得。不过法人当日之精神，为爱国的精神，俄人之今日精神，为爱人的精神。前者根于国家主义，后者倾于世界主义；前者恒为战争之泉源，后者足为和平之曙光，此其所异者耳。

由文明史观之，一国文明，有其畅盛之期，即有其衰歇之运。欧洲之国，若法若英，其文明均已臻于熟烂之期，越此而上之进步，已无此实力足以赴之。德之文明，今方如日中天，具支配世界之势力，言其运命，亦可谓已臻极盛，过此以往，则当入盛极而衰之运矣。俄罗斯虽与之数国者同为位于欧陆之国家，而以与上述之各国相较，则俄同文明之进步，殊为最迟，其迟约有三世纪之久。溯诸历史，其原因在蒙古铁骑之西侵，俄国受其蹂躏者三百余载，其渐即长育之文明，遂而中斩于斯时，因复反于蛮僿之境而毫无进步。职是之故，欧洲文艺复兴期前后之思想，独不与俄国以影响，俄国对于欧洲文明之关系遂全成孤立之势。正惟其孤立也，所以较欧洲各国之文明之进步为迟；亦正惟其文明进步较迟也，所以尚有向上发展之余力。

由地理之位置言之，俄国位于欧亚接壤之交，故其文明之要素，实兼欧亚之特质而并有之。林士[①]论东西文明之关系，有曰："……俄罗斯之精神，将表现于东西二文明之间，为二者之媒介而活动。果俄罗斯于同化中国之广域而能成功，则东洋主义，将有所受赐于一种强健之政治组织，而助之以显其德性于世界。二力间确实之接触，尚在未来，此种接触，必蓄一空前之结果，皆甚明显也。"[②] 林氏之为此言，实在一九〇〇年顷。虽迩来沧桑变易，中国政治组织之变迁，转在俄国革命之前，所言未必一一符中，而俄罗斯之精神，实具有调和东西文明之资格，殆不为诬。原来亚洲人富有宗教的天才，欧洲人富有政治的天才。世界一切之宗教，除多路伊德教外，罔不起源于亚洲，故在亚洲实无政治之可言，有之皆基于宗教之精神而为专制主义之神权政治也。若彼欧洲及其支派之美洲，乃为近世国家及政治之渊源，现今施行自由政治之国，莫不宗为式范，流风遐被，且延及于亚洲矣。考俄国国民，有三大理想焉："神"也，"独裁君主"也，"民"也，三者于其国民之精神，殆有同等之势力。所以然者，即由于俄人

① Paul S. Reinsch。

② 见"World Politics"，Chapter Ⅲ，"The Meeting of Orient and Occident"。

既受东洋文明之宗教的感化，复受西洋文明之政治的激动，“人道”、“自由”之思想，得以深中乎人心。故其文明，其生活，半为东洋的，半为西洋的，盖总未奏调和融会之功也。今俄人因革命之风云，冲决“神”与“独裁君主”之势力范围，而以人道、自由为基础，将统制一切之权力，全收于民众之手。世界中将来能创造一兼东西文明特质，欧亚民族天才之世界的新文明者，盖舍俄罗斯人莫属。

历史者，普遍心理表现之纪录也。故有权威之历史，足以震荡亿兆人之心，而惟能写出亿兆人之心之历史，始有震荡亿兆人心之权威。盖人间之生活，莫不于此永远实在之大机轴中息息相关。一人之未来，与人间全体之未来相照应，一事之朕兆，与世界全局之朕兆有关联。法兰西之革命，非独法兰西人心变动之表征，实十九世纪全世界人类普遍心理变动之表征。俄罗斯之革命，非独俄罗斯人心变动之显兆，实二十世纪全世界人类普遍心理变动之显兆。桐叶落而天下惊秋，听鹃声而知气运，历史中常有无数惊秋之桐叶、知运之鹃声唤醒读者之心。此非历史家故为惊人之笔遂足以耸世听闻，为历史材料之事件本身实足以报此消息也。吾人对于俄罗斯今日之事变，惟有翘首以迎其世界新文明之曙光，倾耳以迎其建于自由、人道上之新俄罗斯之消息，而求所以适应此世界的新潮流，勿徒以其目前一时之乱象遂遽为之抱悲观也。

1918 年 7 月 1 日
“言治”（季刊）第 3 册
署名：李大钊

庶民的胜利

一

我们这几天庆祝战胜，实在是热闹的很。可是战胜的，究竟是那一个？我们庆祝，究竟是为那个庆祝？我老老实实讲一句话，这回战胜的，不是联合国的武力，是世界人类的新精神。不是那一国的军阀或资本家的政府，是全世界的庶民。我们庆祝，不是为那一国或那一国的一部分人庆祝，是为全世界的庶民庆祝。不是为打败德国人庆祝，是为打败世界的军国主义庆祝。

这回大战，有两个结果：一个是政治的，一个是社会的。

政治的结果，是"大……主义"失败，民主主义战胜。我们记得这回战争的起因，全在"大……主义"的冲突。当时我们所听见的，有什么"大日尔曼主义"咧，"大斯拉夫主义"咧，"大塞尔维主义"咧，"大……主义"咧。我们东方，也有"大亚细亚主义"、"大日本主义"等等名词出现。我们中国也有"大北方主义"、"大西南主义"等等名词出现。"大北方主义"、"大西南主义"的范围以内，又都有"大……主义"等等名词出现。这样推演下去，人之欲大，谁不如我，于是两人的中间有了冲突，于是一大与众小的中间有了冲突，所以境内境外战争迭起，连年不休。

"大……主义"就是专制的隐语，就是仗着自己的强力蹂躏他人欺压他人的主义。有了这种主义，人类社会就不安宁了。大家为抵抗这种强暴势力的横行，乃靠着互助的精神，提倡一种平等自由的道理。这等道理，表现在政治上，叫做民主主义，恰恰与"大……主义"相反。欧洲的战争，是"大……主义"与民主主义的战争。我们国内的战争，也是"大……主义"与民主主义的战争。结果都是民主主义战胜，"大……主义"失败。民主主义战胜，就是庶民的胜利。社会的结果，是资本主义失败，劳工主义战胜。原来这回战争的真因，乃在资本主义的发展。国家的界限以内，不能涵容他的生产力，所以资本家的政府想靠着大战，把国家界限打破，拿自己的国家做中心，建一世界的大帝国，成一个经济组织，为自己国内资本家一阶级谋利益。俄、德等国的劳工社会，首先看破他们的野心，不惜在大战的时候，起了社会革命，防遏这资本家政府的战争。联合国的劳工社会，也都要求平和，渐有和他们的异国的同胞取同一行动的趋势。这亘古未有的大战，就是这样告终。这新纪元的世界改造，就是这样开始。资本主义就是这样失败，劳工主义就是这样战胜。世间资本家占最少数，从事劳工的人占最多数。因为资本家的资产，不是靠着家族制度的继袭，就是靠着资本主义经济组织的垄断，才能据有。这劳工的能力，是人人都有的，劳工的事情，是人人都可以作的，所以劳工主义的战胜，也是庶民的胜利。

民主主义劳工主义既然占了胜利，今后世界的人人都成了庶民，也就都成了工人。我们对于这等世界的新潮流，应该有几个觉悟：第一，须知一个新命的诞生，必经一番苦痛，必冒许多危险。有了母亲诞孕的劳苦痛楚，才能有儿子的生命。这新纪元的创造，也是一样的艰难。这等艰难，是进化途中所必须经过的，不要恐怕，不要逃避的。第二，须知这种潮流，是祇能迎，不可拒的。我们应该准备怎么能适应这个潮流，不可抵抗这个潮流。人类的历史，是共同心理表现的记录。一个人心的变动，是全世界人心变动的征兆。一个事件的发生，是世界风云发生的先兆。一七八九年的法国革命，是十九世纪中各国革命的先声。一九一七年的俄国革命，是二十世纪中世界革命的先声。第三，须知此次平和会议中，断不许持“大……主义”的阴谋政治家在那里发言，断不许有带“大……主义”臭味，或伏“大……主义”根蒂的条件成立。即或有之，那种人的提议和那种条件，断归无效。这场会议，恐怕必须有主张公道破除国界的人士占列席的多数，才开得成。第四，须知今后的世界，变成劳工的世界。我们应该用此潮流为使一切人人变成工人的机会，不该用此潮流为使一切人人变成强盗的机会。凡是不做工吃干饭的人，都是强盗。强盗和强盗夺不正的资产，也是一种的强盗，没有什么差异。我们中国人贪惰性成，不是强盗，便是乞丐，总是希图自己不作工，抢人家的饭吃，讨人家的饭吃。到了世界成一大工厂，有工大家作，有饭大家吃的时候，如何能有我们这样贪惰的民族立足之地呢？照此说来，我们要想在世界上当一个庶民，应该在世界上当一个工人。诸位呀！快去作工呵！

1918 年 10 月 15 日

“新青年”第 5 卷第 5 号

署名：守常

新纪元

新纪元来，新纪元来！

人生最有趣味的事情，就是送旧迎新，因为人类最高的欲求，是在时时创造新生活。

今日是一九一九年的新纪元，现在的时代又是人类生活中的新纪元，所以我们要欢欣庆祝。

我们今日欢祝这新纪元，不是象那小儿女们喜欢过年；喜欢那灯光照旧明，爆竹照旧响，鱼肉照旧吃，春联照旧贴，恭喜的套话照旧说，新衣新裳照旧穿戴。那样陈陈相因的生活，就过了百千万亿年，也是毫无意义，毫无趣味，毫无祝贺的价值。人类的生活，必须时时刻刻拿最大的努力，向最高的理想扩张传衍，流转无穷，把那陈旧的组织、腐滞的机能一一的扫荡摧清，别开一种新局面。这样进行的发轫，才能配称新纪元；这样的新纪元，才有祝贺的价值。一个人的一生，包含无数的新纪元，才算能完成他的崇高的生活。人类全体的历史，联结无数的新纪元，才算能贯达这人类伟大的使命。

一九一四年以来世界大战的血、一九一七年俄国革命的血、一九一八年德奥革命的血，好比作一场大洪水——诺阿以后最大的洪水——洗来洗去，洗出一个新纪元来。这个新纪元带来新生活、新文明、新世界，和一九一四年以前的生活、文明、世界，大不相同，仿佛隔几世纪一样。

看呵，从前讲天演进化的，都说是优胜劣败，弱肉强食，你们应该牺牲弱者的生存幸福，造成你们优胜的地位，你们应该当强者去食人，不要当弱者，当人家的肉。从今以后都晓得这话大错，知道生物的进化，不是靠着竞争，乃是靠着互助。人类若是想求生存，想享幸福，应该互相友爱，不该仗着强力互相残杀。从前研究解决人口问题的，都是说马尔查士说过，人口的增加是几何的，食物的增加是算术的，人口的增加没有限制，地球的面积只有这一定的大小，若不能自节生殖，不是酿成疾疫，就是惹起战争。这也是无可如何的事情。所以强大的国家都要靠着兵力，扩张领土；自尊的民族，也多执着人种的偏见，限制异种的工人入境。种种不公平背人道的事情，都起于这个学说。从今以后，大家都晓得生产制度如能改良，国家界线如能打破，人类都得一个机会同去作工，那些种种的悲情、穷困、疾疫、争夺，自然都可以消灭。人类的衣食，没有少数强盗的侵夺暴掠，自然也可以足用了。从前的战争靠着单纯腕力，所以皇家、贵族、军阀、地主、资本家，可以拿他们的不正势力，驱使几个好身手的武士，作他们的爪牙，造出一个特别阶级，压服那些庶民，庶民也没有法子可以制裁他们，只有受他们的蹂躏。从今以后，因为现代的战争要靠着工业知识，所以那些皇家贵族等等，一旦争斗起来，非仰赖劳工阶级不可。从前欺凌他们侮辱他们，现在都来谄媚他们，夺去他们的工具，把武器授与他们。他们有了武器在手，就要掉过头来，拥护劳工的权利，攻击他们的公敌。劳工阶级有了自卫的方法，那些少数掠夺工人的剩余的强盗，都该匿迹销声了。从前在资本主义的生产制度之下，一国若想扩充他那一国中资本阶级的势力，都仗着战争把国界打破，合全世界作一个经济组织，拿他一国的资本家的政府去支配全世界。从今以后，生产制度起一种绝大的变动，劳工阶级要联合他们全世界的同胞，作一个合理的生产者的结合，去打破国界，打倒全世界资本的阶级。总同盟罢工，就是他们的武器。从前尚有几个皇帝、军阀残存在世界上，偷着作鬼祟的事情。秘密外交是他们作鬼的契约，常备兵是他们作鬼的保障。他们总是戴着一副鬼脸，你猜我忌的阴谋怎么吞并、虐待那些小的民族。虽然也曾组织过什么平和会议，什么仲裁裁判，但在那里边，仍旧去规定些杀人灭国的事情。从今以后，人心渐渐觉醒。欧洲几个先觉，在那里大声疾呼，要求人民的平和，不要皇帝，不要常备兵，不要秘密外交，要民族自决，要欧洲联邦，做世界联邦的基础。这都是差强人意的消息。这些消息，都是这新纪元的曙光。在这曙光中，多少个性的屈枉、人生的悲惨、人类的罪恶，都可望象春冰遇着烈日一般，消灭渐净。多少历史上遗留的偶象，如那皇帝、军阀、贵族、资本主义、军国主义，也都象枯叶经了秋风一样，飞落在地。这个新纪元是世界革命的新纪元，是人类觉醒的新纪元。我们在这黑暗的中国，死寂的北京，也仿佛分得那曙光的一线，好比在沉沉深夜中得一个小小的明星，照见新人生的道路。我们应该趁着这一线的光明，努力前去为人类活动，作出一点有益人类工作。这点工作，就是贺新纪元的纪念。

作于1919年元旦

1919年1月5日

“每周评论”第3号

过激乎？过惰乎？

人类所以总是这不长进的样子，实因社会上有一种力量作怪，就是惰性（Inertia）。他的力量，实在比进步的力量大的多。有了进步的举动，人就说是过激，因为他是在惰性空气包围的中间。其实世间只有过惰，那有过激！不说是自己过惰，却说人家过激，这是人类的劣根性。

1919年1月26日

“每周评论”第6号

署名：明明

乡愿与大盗

中国一部历史，是乡愿与大盗结合的记录。大盗不结合乡愿，作不成皇帝；乡愿不结合大盗，作不成圣人。所以我说，真皇帝是大盗的代表，圣人是乡愿的代表。到了现在，那些皇帝与圣人的灵魂，捣复辟尊孔的鬼，自不用提，就是这些跋扈的武人，无聊的政客，那个不是大盗与乡愿的化身呢！

1919 年 1 月 26 日

“每周评论”第 6 号

署名：明明

劳动教育问题

现代生活的种种方面都带着 Democracy 的颜色，都沿着 Democracy 的轨辙。政治上有他，经济上也有他；社会上有他，伦理上也有他；教育上有他，宗教上也有他，乃至文学上、艺术上，凡在人类生活中占一部位的东西，靡有不受他支配的。简单一句话，Democracy 就是现代唯一的权威，现代的时代就是 Democracy 的时代。战后世界上新起的那劳工问题，也是 Democracy 的表现，因为 Democracy 的意义就是人类生活上一切福利的机会均等。劳工们辛辛苦苦生产的结果，都为少数资本家所垄断，所掠夺，以致合理工作的生产者，反不得均当的分配，断断非 Democracy 所许的。应该要求一种 Democracy 的产业组织，使这些劳苦工作的人，也得一种均等机会去分配那生产的结果。不但这个人类的生活，衣食而外尚须知识物的欲望，尚有灵的要求；一个人汗血滴滴的终日劳作，靡有工夫去浚发他的知识，陶养他的性灵，他就同机械一样，牛马一般，久而久之，必把他的人性完全消失，同物品没有甚么区别。人但知道那些资本家夺去劳工社会物质的结果，是资本家莫大的暴虐，莫大的罪恶，那知道那些资本家夺去劳工社会精神上修养的工夫，这种暴虐，这种罪恶，却比掠夺他们的资财更是可怕，更是可恶！现代的劳工社会已竟渐渐觉醒，我们常常听见他们有“一日工作八时”、“一周工作四十时”、“假期休工不停给”种种的要求。这种要求，在我们游惰性成的社会，必要是更表同情。可是他们的同情，未必和人家这种要求的本意一致，必以为少做点工，岂不快乐，那晓得这省出来的一点时间在人家正是工人的冲圣时间，要拿他去读书，去看报，去补习技能，慰安灵性，非常的宝贵，那忍轻轻的把他抛弃呢？

凡是一个人靡有不愿脱去黑暗向光明里走的，人生必须的知识就是引人向光明方面的明灯。不幸生在组织不良社会制度之下，眼看人家一天天安宁清静去求知识，自己却为衣食所迫，终岁勤动，蠢蠢的象牛马一样不知道人间何世，这种侮辱个性束缚个性的事，也断断非现在 Democracy 的时代所许的。因为 Democracy 的精神，不但在政治上要求普通选举，在经济上要求分配平均，在教育上、文学上也要求一个人人均等机会，去应一般人知识的要求。现代的著作不许拿古典的文学专门去满足那一部分人的欲望，必须用通俗的文学，使一般苦工社会也可以了解许多的道理。现代的教育，不许专立几个专门学校，拿印板的程序去造一班知识阶级就算了事，必须多设补助教育机关，使一般劳作的人，有了休息的工夫也能就近得个适当的机会去满足他们知识的要求。战后劳工生活改善的第一步，就是这种补助教育机关的设备，我们预知战后欧美的书报机关，必将愈益扩张愈益发达，劳工聚集的地方，必须有适当的图书馆、报社，专供工人休息时间的阅览。英国这次社会改革的方案中也有改革村落生活的一条打算，各村均设一所大会堂，多设书报社，这真是应时的设施了。欧洲工人生活改善，而后必有新文明萌发于其中，象我们这教育不昌、知识贫弱的国民，劳工补助教育机关尤是必要之必要，望关心社会教育、劳动问题的人注意！

1919 年 2 月 14、15 日

“晨报”

署名：守常

战后之妇人问题

现代民主主义的精神，就是令凡在一个共同生活组织中的人，无论他是什么种族、什么属性、什么阶级、什么地域，都能在政治上、社会上、经济上、教育上得一个均等的机会，去发展他们的个性，享有他们的权利。妇人参政的运动，也是本着这种精神起的。因为妇人与男子虽然属性不同，而在社会上也同男子一样，有他们的地位，在生活上有他们的要求，在法律上有他们的权利，他们岂能久甘在男子的脚下受践踏呢？妇人参政的运动，在这次大战之前，久已有他们奋斗的历史。美国有许多州，已经实行了。可是当时有很多人反对这种运动，他们大都说：女子的判断力薄弱，很容易动感情，不宜为政治家。也有对于女子的能力怀疑的。我们东方人对于这个问题的观念，更是奇怪，不是说“礼教大防”、“男女授受不亲”，就是说女子应该做男子的“内助”，专管“阃以内”的事。到了战争起来的时候，那些男子一个一个的都上了战场，女子才得了机会，去作出一个榜样来，让那些男子看看，到底女子有没有能力。于是当警察的也有，作各种劳动的也有，在赤十字救护队中活动的也有，在军队中作后方勤动的也有，做了种种的成绩，都可以杜从前轻视女子的口实。所以在战事未了的时候，美、英、德诸国已经都有认许妇人参政权的表示。俄国 Bolsheviki 政府里边有一个救济部总长，名叫郭冷苔，就是一位女子，这就是妇人参政的一个新纪元。

妇人参政的运动，到了今日，总算是告一段落。这过去半世纪的悬案，总算有了解决的希望。但在战时有一段事，还引起了许多人怀疑。就是美国对德宣战的时候，孟塔拿州有位女议员，名叫兰金，是美国最初的女议员，一时世间对他，很有不满意的批评。因为决议宣战案的时候，第一次唤他，他并不答，第二次仍是无语，第三次问他，他才哭着，颤声答了一个“NO”字。后来有一位新闻记者去访问他，他说：惩膺德国的横暴，他也认为必要，但不赞成战争。于是有人说：妇人决一件事，往往不靠理性，单靠感情，所以让他们去做政治家，很不相宜。但是我们对于这种话，实在是有些疑问。那些政治家的理性，都是背着人类感情的么？那些背着人类感情的理性，都是好的么？都是对的么？这个不忍的感情，都是错的么？都是坏的么？这几点，我们都应该拿出纯真的心想一想，然后再下断语的。就美国而论，妇人中有很多比获享选举权的男子们还有独立的判断与知识的。美国西部各州，有很多实行妇人参政著有成效的地方。数年前，考劳拉豆州有夫妇二人，各有各的投票权，他们所欲选的人，却正是反对党，结果，其妻所选举的人归于失败，选举后家庭的感情，并不以是生何影响。这个例，不可以证明妇人也有独立的判断力，妇人参政也不致与社会及家庭以恶影响么？就说关于社会一般的文教制度、法律习惯，妇人的判断知识实视男子为贫弱，而关于妇人切身的问题，与其父兄夫友全不相干的问题，令他们自已也有发表意见的机会，难道不比由男子一手代办，把妇人当作一阶级排出政治以外妥当的多么？又有人说：妇人的大多数，对于政治并不发生兴趣。这也不可一概而论。象美国的考劳拉豆和优达二州，各阶级的妇女对于选举投票，均很踊跃，很可以证明他们承认妇人选举权是正当的。又象最近英国的总选举，那些妇人行使选举权踊跃的样子，令人惊愕。一个社会生活上有了必须的要求，就应该立一种制度，适应他的情况，才是正当的道理。

预想这回战后，欧、美妇人社会发生许多难解决的问题：

第一，就是妇女过庶问题　据人口统计，从前欧、美男女的比例，就是女多男少。经这回战争，壮丁男子在战场上死的很多，已嫁的女子添了许多新寡，未嫁的女子也天天想着结婚难，妇女过庶的倾向愈益显著。这时的社会，必起许多悲惨的现象，生活一天难似一天，结婚也不容易，离婚却更增多，卖淫、堕胎、私生子，一天多似一天。妇女一个阶级有了这样悲惨的现象，社会全体必也受莫大的影响。

第二，就是女工对男工的问题　欧战既起，作工的男子都上了战场，一时非用女工填他们的缺，各工厂就得停工。英国政府拿战后必恢复旧状作条件，违背战时劳动组合的规定，许工厂得以女工代男工用。其他各国，也大都如此。欧洲妇女界骤得了工作的机会，如同开辟了新领土一样。那些资本家也很愿意雇用这工价低廉的女工。到了战后，从前赴战场的男子都还乡土，看见他们作工的地盘都被价廉的女工们占领，自然要同这些女工们起一场争斗。那些女工因为生活难的结果，也断断不肯把已经取得的新领土拱手让还男子。那些资本家也不愿辞退这价廉的女工。从前妇女劳动最大的缺点，就是不熟练，经这次战争中的训练，与职工教育的发达，这种缺点已经消灭。既没有不熟练的缺点，又有工价低廉的便宜，资本家正可以利用女工操纵男工。为防止男工女工间的竞争与资本阶级的操纵，必须谋一个对于同一工作给与同额报酬的方法。可是这个方法，很不容易定规，因为妇人劳动的团体结合不坚，他的势力也很微弱，不能独立抗资本家，要求得与男子同额的报酬，恐怕做不到。解决这个问题，有的希望政府定出一个公定工银法来，有的主张设法奖励男女劳动组合的一致提携。总而言之，男女工人间有了争执，必为资本家所乘，结局都是不利。男女工人间有了结合，定能于阶级战争添一层力量。将来出于那条道路，虽难预定，若从俄、德革命的潮流滔滔滚滚的及于全欧的大势看起来，英、法的动摇也是迟早间的问题。男女工人大约不至长相争执，他们或者可以互相提携，于阶级战争加一层力量。

第三，就是劳动阶级的母亲问题　战时丁男骤去出征，剩下家中的老弱没人照管，甚为可怜。因此有的国家就规定一律办法，对于出征兵士的家族，发一项扶助费，这个费额，不是拿那为家长的男子出征前的工银作标准的，乃是按那家族人数的多寡发给他们。从前因为收入不足，且不确定，天天在苦痛的生活中鬼混的劳动阶级的母亲们，这才有了确实生活的保障。他们在这战争期间，算是享了一点子的幸福。一旦战争停止，这种幸福也就跟着消灭，又要回复他们那暂时忘下的苦痛生活。他们怎样抛弃这暂时的幸福，去迎受那旧日不要的生活，实在是一个问题。这次战争，丧失壮丁不少，为补充战后的人口计，对于母性的保护，应该特别注意。象那育儿扶助费，及种种母性保护的方法，也是个能不研究的。还有一样，开战后英国所设的儿童保护所约有二百处，收容的儿童约六万人，这种机关，战后必愈见发达，因为有些作工同时而为母亲的妇人，若去作工，就不能照管小孩，这种机关，实在是必要的。儿童的养育，由家庭移到社会的共同育儿机关，这也是社会进化的一个新现象。

这些问题，若是单靠着女权运动去解决他们，固然也不能说全没有一点效果。但是女权运动，仍是带着阶级的性质。英国的妇人自从得了选举权，那妇人参政联合又把以后英国妇人应该要求的事项罗列出来，大约不过是：

（一）妇人得为议员；

（二）派妇人到国际战后经济会议；

（三）使同外人结婚的英国妇人也得享有英国国籍；

（四）妇人得为审判官及陪审官；

（五）妇人得为律师；

（六）妇人得为政府高级官吏；

（七）妇人得为警察官；

（八）使女教师与男教师同等；

（九）以官费养育寡妇和他们的子女；

（十）父权及母权的均衡；

（十一）男女道德标准的一致。

这几项都是与中产阶级的妇人最有直接紧要关系的问题，与那些靡有财产、没受教育的劳动阶级的妇人全不相干。那中产阶级的妇人们是想在绅士阀的社会内部有和男子同等的权力。无产阶级的妇人们天高地阔，只有一身，他们除要求改善生活以外，别无希望。一个是想管治他人，一个是想把自己的生活由穷苦中释放出来，两种阶级的利害，根本不同；两种阶级的要求，全然相异。所以女权运动和劳动运动纯是两事。假定有一无产阶级的妇人，因为卖淫被拘于法庭，只是捉他的是女警官，讯他的是女审判官，为他辩护的是女律师，这妇人问题就算解决了么？这卖淫的女子受女官吏的拘讯，和受男官吏的拘讯，有什么两样的地方么？就是科刑的轻重有点不同，也是枝叶的问题。根本的问题，不问直接间接，还是因为有一个强制妇人不得不卖淫的社会组织在那里存在。在那种组织的机关的一部安放一两个妇人，怎能算是妇人的利益呢？中产阶级妇人的利害，不能说是妇人全体的利害；中产阶级妇人的权力伸张，不能说是妇人全体的解放。我以为妇人问题彻底解决的方法，一方面要合妇人全体的力量，去打破那男子专断的社会制度；一方面还要合世界无产阶级妇人的力量，去打破那有产阶级（包括男女）专断的社会制度。

我们中国的女界，对于这世界的妇人问题，有点兴趣没有，我可不敢武断。但是我很盼望我们中国不要长有这“半身不遂”的社会。我很盼望不要因为世界上有我们中国，就让这新世纪的世界文明仍然是“半身不遂”的文明。

1919年2月15日

“新青年”第6卷第2号

署名：李大钊

青年与农村

要想把现代的新文明，从根底输到社会里面，非把知识阶级与劳工阶级打成一气不可。我甚望我们中国的青年认清这个道理。

俄国今日的情形，纵然纷乱到什么地步，他们这回革命，总算是一个彻底的改革，总算是为新世纪开一新纪元。我们要晓得，这种新机的酝酿，不是一时半刻的功夫，也不是一手一足的力量。他们有许多文人志士，把自己家庭的幸福全抛弃了，不惮跋涉艰难的辛苦，都跑到乡下的农村里去，宣传人道主义、社会主义的道理。有时乘着他们休息的时间和他们谈话，有时和他们在一处工作，一滴血一滴汗的作他们同情的伴侣。有时在农村里聚集老幼妇孺，和他们灯前话语，说出他们的苦痛，增进他们的知识。一经政府侦知他们，或者逃走天涯，或者陷入罗网。在那阴霾障天的俄罗斯，居然有他们青年志士活动的新天地，那是什么？就是俄罗斯的农村。

我们中国今日的情况，虽然与当年的俄罗斯大不相同，可是我们青年应该到农村里去，拿出当年俄罗斯青年在俄罗斯农村宣传运动的精神，来作些开发农村的事，是万不容缓的。我们中国是一个农国，大多数的劳工阶级就是那些农民。他们若是不解放，就是我们国民全体不解放；他们的苦痛，就是我们国民全体的苦痛；他们的愚暗，就是我们国民全体的愚暗；他们生活的利病，就是我们政治全体的利病。去开发他们，使他们知道要求解放、陈说苦痛、脱去愚暗、自己打算自己生活的利病的人，除去我们几个青年，举国昏昏，还有那个？

中国农村的黑暗，算是达于极点。那些赃官、污吏、恶绅、劣董，专靠差役、土棍，作他们的爪牙，去鱼肉那些老百姓。那些老百姓，都是愚暗的人，不知道谋自卫的方法，结互助的团体。他们里边，有的是刚能自给的有土农夫，有的是厚拥田畴的地主，有的是专作农工的佃户，有的是专待雇佣的工人。他们不但不知道结合起来，抗那些官绅，拒那些役棍，他们自己中间也是按着等级互相凌虐，去结那些官绅棍役的欢心。地主总是苛待佃户与工人，佃户与工人不但不知互助、没有同情，有时也作自己同行的奸细，去结那地主的欢心。农村的教育机关，不完不备，虽有成立一二初等小学的地方，也不过刚有一个形式。小学教师的知识，不晓得去现代延迟到几世纪呢！至于那阅书报的机关，更是绝无仅有。他们一天到晚，只是到田园里去，象牛马一般作他们的工；就是在吹风落雨，灯前月下的时候，有点闲暇，也没有他们开展知识修养精神的机会。从前的村落都有个寺院庙堂，他们也不会利用这些东西，作他们大家聚合的会堂，白白的看着他颓零在荒烟蔓草的田里。村落中也有比较开明一点，大家立个青苗会，在庙堂中觅个会所，也不过听那些会头们、绅董们一手处理，有了费用，就向老百姓们要；用去以后，全没什么报销。世界潮流已竟到了这般地步，他们在那里，还只是向人家要什么真主，还只是听官绅们宰割蹂躏，作人家的良民，你说可怜不可怜呢？推究这个缘故，都是因为一般知识阶级的青年，跑在都市上，求得一知半解，就专想在都市上活动，都不愿回到田园；专想在官僚中讨生活，却不愿再去工作。久而久之，青年常在都市中混的，都成了鬼蜮。农村中绝不见知识阶级的足迹，也就成了地狱。把那清新雅洁的田园生活，都埋没在黑暗的地狱里面，这不是我们这些怠惰青年的责任，那个的责任？

民主政治的精神进展的结果，扩张选举的声音逐渐增高起来。战后各立宪国，苟想把民主主义做到比前更加充实的地步，至少也要施行普通选举。我们中国将来的选举法，也不能漠视这种趋势，无论所行的是限制选举，抑是普通选举，那选民的生活本据，大多数都在农村。若想扩清选举，使这种新制度不作高等流氓们藏污纳垢的巢穴，发财作官的捷径，非开发农村不可，非使一般农民有自由判别的知能不可。入民国，名义上也算行过几次选举，可是弄得污七八糟，几乎把这个制度糟蹋的没有一点本来面目了。根本的原因，就在农村中没有真是农民伴侣的青年，告知他们那选举的道理，备他们选出的人物。那些运动选举的人都是来自都市，不是在都市中当过几天流氓，就是在都市中作过几天强盗，练习了许多的诡诈手段，积下了许多的罪孽金钱，却来骗他乡里的父老。这些人都靠着选举入了议院。立宪政治、民主政治，那有丝毫的希望？那些老百姓的生活上的疾苦，那能改善？生活上的幸福，那能获享？立宪的青年呵！你们若想得个立宪的政治，你们先要有个立宪的民间；你们若想有个立宪的民间，你们先要把黑暗的农村变成光明的农村，把那专制的农村，变成立宪的农村。只要农村里有了现代青年的足迹，作现代文明的导线，那些农民们，自然不会放弃他们的选举权，不会滥用他们的选举权，不会受那都市中流氓的欺、地方上绅董的骗，每人投的清清楚楚的一票，必能集中到一个勤苦工作、满腹和劳工阶级表同情的人身上。他来到议院，才能替老百姓说话，也就是老百姓说话，他的话才能有无限的权威；万一有种非礼的压迫无端相加，老百姓才能作他们的后援。这样的民主主义，才算有了根底，有了泉源。这样的农村，才算是培养民主主义的沃土。在这一方面活动的青年才算是栽植民主主义的工人。

现在有许多青年，天天在都市上漂泊，总是希望那位大人先生替他觅一个劳少报多的地位。那晓得官僚的地位有限，预备作官僚的源源而来，皇皇数年，弄不到一个饭碗。这时把他的青年气质，早已消磨净尽，穷愁嗟叹，都成了失路的人。都市上塞满了青年，却没有青年活动的道路。农村中很有青年活动的余地，并且有青年活动的需要，却不见有青年的踪影。到底是都市误了青年，还是青年自误？到底是青年辜负了农村，还是农村辜负了青年？只要我们青年自己去想。

在都市里漂泊的青年朋友们呵！你们要晓得：都市上有许多罪恶，乡村里有许多幸福；都市的生活，黑暗一方面多，乡村的生活，光明一方面多；都市上的生活，几乎是鬼的生活，乡村中的活动，全是人的活动；都市的空气污浊，乡村的空气清洁。你们为何不赶紧收拾行装，清结旅债，还归你们的乡土？你们在都市上天天向那虚伪凉薄的社会求点恩惠，万一那点恩惠天幸到手，究竟是幸福，还是痛苦，尚有一个疑问。曾何如早早回到乡里，把自己的生活弄简单些，劳心也好，劳力也好，种菜也好，耕田也好，当小学教师也好，一日把八小时作些与人有益，与己有益的工活，那其余的工夫，都去作开发农村，改善农民生活的事业，一面劳作，一面和劳作的伴侣，在笑语间商量人生向上的道理。只要知识阶级加入了劳工团体，那劳工团体就有了光明；只要青年多多的还了农村，那农村的生活就有改进的希望；只要农村生活有了改进的效果，那社会组织就有进步了，那些掠夺农工，欺骗农民的强盗，就该销声匿迹了。

青年呵！速向农村去吧！日出而作，日入而息，耕田而食，凿井而饮。那些终年在田野工作的父老妇孺，都是你们的同心伴侣，那炊烟锄影，鸡犬相闻的境界，才是你们安身立命的地方呵！

1919年2月20—23日

“晨报”

署名：李大钊

唐山煤厂的工人生活

（工人不如骡马）

前天遇见一位由唐山煤厂来的朋友，我就向他询问那里工人的生活状况，这位朋友就略略的把他们的状况述说一点。我今将他的话写出来，供关心劳动问题的参考。

唐山煤厂的工人，约有八九千人。这样多数工人聚合的地方，竟没有一个工人组织的团体。听说有过一次同盟罢工的事情，原因却为着工厂对于一个工人罚了几角钱，一时动了公愤，才联合起来，以罢工为抵抗的手段。但是他们平日既没有什么团结，这回举动，又靡有正大的要求，罢工的时候，系由工头持刀斧在门前堵守，不许进去作工，象这种没有结合的罢工，无意识的罢工，强迫的罢工，自然是没有效果了。

他们终日在炭坑里作工，面目都成漆黑的色。人世间的空气阳光，他们都不能十分享受。这个炭坑，仿佛是一座地狱。这些工人，仿佛是一群饿鬼。有时炭坑颓塌，他们不幸就活活压死，也是常有的事情。

他们每日工作八小时，工银才有二角，饮膳还要自备。他们有个恶习惯，常常把两星期的工，并在一星期来作。在这一星期中，无昼无夜，不停工作，不睡眠，不休息，不盥漱，不沐浴，把两星期的工在一星期作完，其余一早期，就去胡吃狂饮，乱嫖大赌去了。因为他们太无知识，所以他们除嫖赌酒肉外，不知道有比较的稍为高尚的娱乐方法，可以慰安他们的劳苦，也靡有供他们别样娱乐的设备。因为他们的工银太低，所以他们必须把数日的工夫，无昼无夜的象牛马一般劳动，才能积得一元半元钱，好去嫖赌。

在唐山的地方，骡马的生活费，一日还要五角，万一劳动过度，死了一匹骡马，平均价值在百元上下，故资主的损失，也就是百元之谱。一个工人的工银，一日仅有二角，尚不用供给饮食，若是死了，资主所出的抚恤费，不过三四十元。这样看来，工人的生活，尚不如骡马的生活；工人的生命，尚不如骡马的生命了。

唐山煤厂，是取包工制。资本家对于工人不生直接的关系，那包工的人对于工人，就算立在资本家的地位。也有许多幼年人，在那里作很苦很重不该令他们作的工，那种情景，更是可怜。

1919年3月9日

“每周评论”第12号

署名：明明

新旧思潮之激战

宇宙的进化，全仗新旧二种思潮，互相挽进，互相推演，仿佛象两个轮子运着一辆车一样；又象一个鸟仗着两翼，向天空飞翔一般。我确信这两种思潮，都是人群进化必要的，缺一不可。我确信这两种思潮，都应该知道须和他反对的一方面并存同进，不可妄想灭尽反对的势力，以求独自横行的道理。我确信万一有一方面若存这种妄想，断断乎不能如愿，徒得一个与人无伤、适以自败的结果。我又确信这二种思潮，一面要有容人并存的雅量，一面更要有自信独守的坚操。

我们且看今日的日本，新的方面，有“黎明会”一班人士种种的结合，大张民主主义、社会主义的旗帜，大声疾呼，和那一切顽迷思想宣战。什么军阀、贵族，什么军国主义、资本主义，都是他们的仇敌，都在他们攻击之列。他们天天宣传，天天游说，这儿一个演说会，那儿一个讨论会，这里立一个杂志，那里创一所日刊。公共结合以外，他们还有自己本着他专究的学理、择选的问题，今天一个小册子，明天一个小册子，散布传播，飞如蝴蝶。他们虽然定了一个公同进行的方向，都向着黎明的曙光去走。可是各人取那条路，还是各人的自由，不必从同，且不能从同，不可从同。那反对一方面，也是堂堂鼓、正正旗来相对应。“桐花会”这一般人的思想虽旧，他们也知道本着自己所信的道理、思想，和新的对抗。就是那个“浪人会”的行动，在日本社会已为舆论所不直，他们对于新派的激战，也不过开一个演说会，请反对党的魁领莅会辩论而已。

我们再回过头来看看我们中国，新的旧的，都是死气沉沉。偶有一二稍稍激昂的议论、稍稍新颖的道理，因为靡有旗鼓相当的对立，也是单调靡有精采，比人家那如火如荼的新潮、那风起潮涌的新人运动，尚不知相差几千万里。那些旧人见了，尚且鬼鬼祟祟的，想用道理以外的势力，来铲除这刚一萌动的新机。他们总不会堂皇正大的立在道理上来和新的对抗。在政治上相见，就想引政治以外的势力；在学术上相遇，就想引学术以外的势力。我尝追究这个原因，知道病全在惰性太深、奴性太深，总是不肯用自己的理性，维持自己的生存，总想用个巧法，走个捷径，靠他人的势力，摧除对面的存立，这种靠人不靠己，信力不信理的民族性，真正可耻！真正可羞！

我正告那些顽旧鬼祟，抱着腐败思想的人：你们应该本着你们所信的道理，光明磊落的出来同这新派思想家辩驳、讨论。公众比一个人的聪明质量广、方面多，总可以判断出来谁是谁非。你们若是对于公众失败，那就当真要有个自觉才是。若是公众袒右你们，那个能够推倒你们？你们若是不知道这个道理，总是隐在人家的背后，想抱着那位伟丈夫的大腿，拿强暴的势力压倒你们所反对的人，替你们出出气，或是作篇鬼话妄想的小说快快口，造段谣言宽宽心，那真是极无聊的举动。须知中国今日如果有真正觉醒的青年，断不怕你们那伟丈夫的摧残；你们的伟丈夫，也断不能摧残这些青年的精神。当年俄罗斯的暴虐政府，也不知用尽多少残忍的心性，杀戮多少青年的志士，那知道这些青年牺牲的血，都是培植革命自由花的肥料；那些暗沉沉的监狱，都是这些青年运动奔劳的休息所；那暴横政府的压制却为他们增加一层革命的新趣味。直到今日这样滔滔滚滚的新潮，一决不可复遏，不知道那些当年摧残青年、压制思想的伟丈夫那里去了。我很盼望我们中国真正的新思想家或旧思想家，对于这种事实，都有一种觉悟。

1919年3月9日
“每周评论”第12号
署名：守常

现代青年活动的方向

新世纪的曙光现了！新世纪的晨钟响了！我们有热情的青年呵，快快起来！努力去作人的活动！努力去作人的活动！

青年呵！你们临开始活动之前，应该定定方向。譬如航海远行的人，必先定个目的地，中途的指针，总是指着这个方向走，才能有达到那目的地的一天。若是方向不定，随风飘转，恐怕永无达到的日子。万一能够达到，也是偶然的机会。靠着偶然机会所得的成功，究竟没有很大的价值。

我今就现代青年活动的方向，稍有陈说，望我亲爱的青年垂听！

第一，现代的青年，应该在寂寞的方面活动，不要在热闹的方面活动。近来常听人说："我们青年要耐得过这寂寞日子"。我想这"寂寞日子"，并不是苦境，实在是一种乐境。我觉得世间一切光明，都从寂寞中发见出来。譬如天时，一年有一个冬季，是一年的寂寞日子。在此时间，万木枯黄，气象雕落，死寂冷静，都是他的特色。可是那一年中最华美的春天，不是就从这个寂寞的冬天发见出来的么？一天有一个暗夜，也是一天的寂寞日子。在此时间，万种尘嚣嘈杂，都有个一时片刻的安息。可是一日中最光耀的曙色，不是从这寂寞的暗夜中发见出来的么？热闹中所含的，都是消沉，都是散灭；黑暗寂寞中所含的，都是发生，都是创造，都是光明。这样讲来，这寂寞日子，实在有滋味、有趣意的日子，不是忍苦受罪的日子，我们实在乐得过，不是忍得过。况且耐得过的日子，必不长久。一个人若对于一种日子总觉得是耐得过，他的心中，必是认这寂寞日子，是一种苦境，是一种烦恼，那就很容易把他抛弃，去寻快乐日子过。因为避苦求乐，是人性的自然，勉强矜持的心，是靠不住的。譬如孀妇不再嫁，若是本着他自由的意思，那便是他的乐境，那种寂寞日子，他必乐得过到底。若是全因为受传说偶象的拘束，风俗名教的迫胁，才不去嫁，那真是人间莫大的苦境，那种寂寞日子，他虽天天耐得过，天天总有耐不得跟着。乐得过的是一种趣味，耐得过的是一种矜持。青年呵！我们在寂寞的方面活动，不可带着丝毫勉强矜持的意思，必须知道那里有一种真趣味，一种真光明，甘心情愿乐得过这寂寞日子，才能有这寂寞日子中寻出真趣味，获得真光明的一日。

第二，现代的青年，应该在痛苦的方面活动，不要在欢乐的方面活动。本来苦乐两境，是比较的，不是绝对的。那个苦，那个乐，全靠个人的主观去判定他，本靡有一定标准的。我从前曾发过一种谬想，以为人生的趣味就在苦中求乐，受苦是人生本分，我们青年应该练忍苦的本领。后来觉得大错，避苦求乐，是人性的自然，背着自然去做，不是勉强，就是虚伪。这忍苦的人生观，是勉强的人生观，虚伪的人生观。那求乐的人生观，才是自然的人生观，真实的人生观。我们应该顺应自然，立在真实上，求得人生的光明，不可陷入勉强、虚伪的境界，把真正人生都归幻灭。但是求乐，虽是人性的自然，苦境总缘着这乐境发生，总来缠绕，这又当怎样摆脱呢？关于此点，我却有一个新见解，可是妥当与否，我自己还未敢自信。我觉得人生求乐的方法，最好莫过于尊重劳动。一切乐境，都可由劳动得来，一切苦境，都可由劳动解脱。劳动的人，自然没有苦境跟着他。这个道理可以由精神的物质的两方面说。劳动为一切物质的富源，一切物品，都是劳动的结果。我们凭的几，坐的椅子，写字用的纸笔墨砚，乃至吃的米，饮的水，穿的衣，靡有一样不是从劳动中得来。这是很容易晓得的。至于精神的方面，一切苦恼，也可以拿劳动去排除他，解脱他。这一点一般人却是多不注意。一个人一天到晚，无所事事，这个境界的本身，已竟是大苦；而在无事的时间，一切不正当的欲望，没趣味的思索，都乘隙而生；疲敝陈惰的血分，周满于身心，一切悲苦烦恼，相因而至，于是要想个消遣的法子。这消遣的法子，除去劳动，便靡有正当的法则。吃喝嫖赌，真是苦中苦的魔窟，把宝贵的人生，都消磨在这个中间，岂不可惜！岂不可痛！堕落在这里的人，都是不知道尊重劳动，不知道劳动中有无限的快乐，所以才误入迷途了。青年呵！你们要晓得劳动的人，实在不知道苦是什么东西。譬如身子疲乏，若去劳动一时半刻，顿得非常的爽快。隆冬的时候，若是坐着洋车出门，把浑身冻得战栗，若是步行走个十里五里，顿觉周身温暖。免苦的好法子，就是劳动。这叫作尊劳主义。这样讲来，社会上的人，若都本着这尊劳主义去达他们人生的目的，世间不就靡有什么痛苦了么，你为何又说要我们青年在痛苦方面活动呢？此问甚是。但是现在的社会，持尊劳主义的人很少，而且社会的组织不良，少数劳动的人，所得的结果，都被大多数不劳动的人掠夺一空。劳动的人，仍不免有苦痛，仍不免有悲惨，而且最苦痛最悲惨的人，恐怕就是这些劳动的人。所以我们要打起精神来，寻着那苦痛悲惨的声音走。我们要晓得痛苦的人，是些什么人？痛苦的事，是些什么事？痛苦的原因，在什么地方？要想解脱他们的苦痛，应该用什么方法？我们不能从苦痛里救出他们，还有谁可能救出他们，肯救出他们？常听假慈悲的人说，这个苦痛悲惨的地方，我们真是不忍去，不忍看。但是我们青年朋友们，却是不忍不去，不忍不看，不忍不援手，把他们提醒，大家一齐消灭这痛苦的原因呵！

第三，现代的青年，也应在黑暗的方面活动，不要专在光明的方面活动。人生的努力，总向光明的方向走，这是人类向上的自然动机，但是世间果然到了光明的机运，无一处不是光明。我们在这光明中享尽人生之乐，岂不是一大幸事？无如世间的黑暗，仍旧遍在，许多的同胞，都陷溺到黑暗中间，我们焉能独自享受光明呢？同胞都在黑暗里面，我们不去援救他们，却自找一点不沾泥土的地方，偷去安乐，偷去清洁，那种光明，究竟能算得光明么？那种幸福，究竟能算得幸福么？旧时代的青年讲修养的，犹且有“先忧后乐”的话，新时代的青年，单单做到“独善其身”、“洁身自好”的地步，能算尽了责任的人么？俄国某诗人训告他们青年说：“毁了你的巢居，离开你的父母，你要独立自营，保信你心的清白与自然，那里有悲惨愁苦的声音，你到那里去活动。”这话真是现代青年的宝训，真是现代青年的警钟。我们睁开眼看！那些残杀同胞的兵士们，果真都是他们自己愿做这样残暴的事情么？杀人果真是他们的幸福么？他们就没有一段苦情不平，为一般人所不知道的么？他们的背后，果真没有什么东西逼他们大作杀人野兽么？那些倚门卖笑的娼妓们，果真都是他们自己愿做这样丑贱的事情么？卖笑果真是他们的幸福么？他们就没有一段苦情不平，为一般人所不知道的么？他们的背后，果真没有什么东西迫他们去作辱身的贱业么？那些监狱里的囚犯们，果真都是他们自己愿作罪恶的事么？他们做的犯法的事，果真是罪恶么？他们所受的刑罚，果真适当他们的罪恶么？他们就没有一段苦情不平，为一般人所不知道的么？他们的背后，果真没有什么东西逼他们陷于罪恶或是受了冤枉么？再者巷里街头老幼男女的乞丐们，冻馁的战抖在一堆，一种求爷叫奶的声音，最是可怜，一种秽垢惰丧的神气，最是伤心，他们果真愿作这可耻的态度丝毫不觉羞耻么？他们堕落到这个样子，果真都因为他们是天生的废材么？他们就没有一段苦情不平，为一般人所不知道的么？他们的背后，果真没有什么东西逼他们不得不如此么？由此类推，社会上一切陷于罪恶、堕落、秽污、黑暗的人，都不必全是他们本身的罪过。谁都是爹娘生的，谁都有不灭的人性，我们不可把他们看作洪水猛兽，远远的躲避他们。固然在黑暗的里面，潜藏着许多恶魔毒菌，但是防疫的医生，虽有被传染的危险，也是不能不在恶疫中奋斗。青年呵！只要把你的心放在坦白清明的境界，尽管拿你的光明去照澈大千的黑暗，就是有时困于魔境，或竟作了牺牲，也必有良好的效果，发生出来。只要你的光明永不灭绝，世间的黑暗，终有灭绝的一天。

努力呵！猛进呵！我们亲爱的青年！

1919年3月14—16日

“晨报”

署名：守常

现在与将来

近来常听人说："中国人所以堕落到这步田地，都是因为他们只有'现在主义'靡有'将来观念'"。因此，就拿"时间只有过去与将来，绝靡有现在"的话，来劝告他们。也是希望他们抛了"现在主义"，存点"将来观念"的意思。但是我对于这话，却有几个疑问：(一）堕落的生活中的现在，在人生观果然算得现在么？(二）就他们的生活而论，果然靡有他们的将来观念么？(三）时间果然靡有现在么？我要就这几点说几句话。

现今一般堕落的人，大概都不知道人生是什么东西。所以从人生上讲，他们不但靡有将来，并且靡有现在。他们的现在，不是他们的人生，是他们发舒兽欲的机会。他们有了工夫，就去嫖，去赌，去搬弄是非，奔走权要，想出神法鬼法，去弄几个丧良心的金钱，拿来满足他们的兽欲。象这样的活动，在宇宙自然的大生命中，在人类全体的大生命中，在他自己一个人的全生命中，有丝毫算得是人生的现在么？依我看来，这种的生活，简直是把人生的活动，完全灭尽。他们的知能躯体，全听兽欲的冲动的支配。若说他们有现在，也是兽欲的现在，不是人生的现在。

这种的生活，不配叫什么主义。

这种堕落的生活，固然在真正人生上，不但靡有将来，并靡有现在；而在他们的兽欲生活中，都是不但有他们的现在，并且有他们的将来。试看那强盗军阀，那个不是忙着搜括地皮，扣侵军饷，拿到他家，盖上些比城墙还坚的房子，预备他那子孙下辈万世之业？那卖国官吏，那个不是忙着和外国人勾结，做点合办事业，吃点借款回扣，好去填他的私囊，至少也可以做下半世的过活？就是那最时髦的政客，成日价营营苟苟，忙个不了，今天靠着某军阀，明天靠着某元老，也是总想作回大官，发回大财，又那个不是为他将来的物质生活作预备呢？这样看来，他们虽然靡有真正人生的将来，他们却有他们那种生活的将来。他们固然有他们那种生活的现在，却靡有真正人生的现在。

至于时间是否有现在，是哲学上一大问题。有人说只有过去与未来，靡有现在；有人说过去与未来都是现在。如今我们且不去判断他们的是非，但是我却确信过去与将来，都是在那无始无终、永远流转的大自然在人生命上比较出来的程序，其实中间都有一个连续不断的生命力。一线相贯，不可分拆，不可断灭。我们不能划清过去与将来，截然为二。完成表现这中间不断的关系，就是我们人生的现在。我们要想完成这自然的大生命，应该先实现自己的人生。我们要想实现自己的人生，应该把我们生命中过去与将来间的关系、时间全用在人生方面的活动，不用在兽欲方面的冲动。

1919 年 3 月 28 日

“晨报”

署名：守常

我的马克思主义观

(一)

一个德国人说过，五十岁以下的人说他能了解马克思的学说，定是欺人之谈。因为马克思的书卷帙浩繁，学理深晦。他那名著“资本论”三卷，合计二千一百三十五页，其中第一卷是马氏生存时刊行的，第二第三两卷是马氏死后他的朋友昂格思替他刊行的。这第一卷和二三两卷中间，难免有些冲突矛盾的地方，马氏的书本来难解，添上这一层越发难解了。加以他的遗著未曾刊行的还有很多，拚上半生的工夫来研究马克思，也不过仅能就他已刊的著书中，把他反复陈述的主张得个要领，究不能算是完全了解“马克思主义”的。我平素对于马氏的学说没有什么研究，今天硬想谈“马克思主义”已经是僭越的很。但自俄国革命以来，“马克思主义”几有风靡世界的势子，德奥匈诸国的社会革命相继而起，也都是奉“马克思主义”为正宗。“马克思主义”既然随着这世界的大变动，惹动了世人的注意，自然也招了很多的误解。我们对于“马克思主义”的研究，虽然极其贫弱，而自一九一八年马克思诞生百年纪念以来，各国学者研究他的兴味复活，批评介绍他的很多。我们把这些零碎的资料，稍加整理，乘本志出“马克思研究号”的机会，把他转介绍于读者，使这为世界改造原动的学说，在我们的思辨中，有点止确的解释，吾信这也不是绝无裨益的事。万一因为作者的知能浅陋，有误解马氏学说的地方，亲爱的读者肯赐以指正，那是作者所最希望的。

(二)

我于评述“马克思主义”以前，先把“马克思主义”在经济思想史上占若何的地位，略说一说。

由经济思想史上观察经济学的派别，可分为三大系，就是个人主义经济学、社会主义经济学与人道主义经济学。

个人主义经济学，也可以叫作资本主义经济学。三系中以此为最古。著“原富”的亚丹斯密（Adam Smith）是这一系的鼻祖。亚丹斯密以下，若马查士（Malthus）、李嘉图（Ricardo）、杰慕士·穆勒（James Mill）等，都属于这一系。把这一系的经济学发挥光大，就成了正系的经济学，普通称为正统学派。因为这个学派是在模范的资本家国的英国成立的，所以英国以外的学者也称他为英国学派。这个学派的根本思想是承认现在的经济组织为是，并且承认在此经济组织内，各个人利己的活动为是。他们以为现在的经济组织，就是个人营利主义的组织，是最巧最妙、最经济不过的组织。从生产一面讲，各人为自己的利益，自由以营经济的活动，自然努力以致自己的利益于最大的程度。其结果：社会全体的利益不期增而自增。譬如各人所有的资本，自然都知道把他由利益较少的事业，移到利益较多的事业上去。社会全体的资本，自然也都舍了那利益较少的事业，投到利益较多的事业上去。所以用不着什么政治家的干涉，自由竞争的结果，社会上资本的全量自然都利用到社会全体最有利的方面去。而事业家为使他自己的利益达于最大的程度，自然努力以使他自己制品全体的价增大，努力以求其商品全体的卖出额挽回很多的价来。社会全体的富是积个人的富而成的。个人不断的为增加自己的富去努力，你这样作，他也这样作，那社会全体的富也不期增而日增了。再从消费一面讲，我们日用的一切物品，都不是在自己家内生产的，都是人家各自为营利、为商卖而生产的。自己要得一种物品：米、盐、酱、醋，乃至布匹、伞、屐、新闻、杂志之属，都不是空手向人家讨得来的。依今日的经济组织，都是各人把物卖钱，各人拿钱买货。各人按着自己最方便的法子去活动，比较着旁人为自己代谋代办，亲切的多，方便的多，经济的多。总而言之，他们对于今日以各人自由求各自利益为原则的经济组织，很满足，很以为妥当。他们主张维持他，不主张改造他。这是个人主义经济学。也就是以资本为本位，以资本家为本位的经济学。

以上所述个人主义经济学，有二个要点：其一是承认现在的经济组织为是：其二是承认在这经济组织内，各个人利己的活动为是。社会主义经济学正反对他那第一点。人道主义经济学正反对他那第二点。人道主义经济学者以为无论经济组织改造到怎么好的地步，人心不改造仍是现在这样的贪私无厌，社会仍是没有改善的希望，于是否认经济上个人利己的活动，欲以爱他的动机代那利己的动机；不置重于经济组织改造的一方面，而置重于改造在那组织下活动的各个人的动机。社会主义经济学者以为现代经济上社会上发生了种种弊害，都是现在经济组织不良的缘故，经济组织一经改造，一切精神上的现象都跟着改造，于是否认现在的经济组织，而主张根本改造。人道主义经济学者持人心改造论，故其目的在道德的革命。社会丰义经济学者持组织改造论，故其目的在社会的革命。这两系都是反对个人主义经济学的，但人道主义者同时为社会主义者的也有。

现在世界改造的机运，已经从俄、德诸国闪出了一道曙光。从前经济学的正统，是在个人主义。现在社会主义、人道主义的经济学，将要取此正统的位系，而代个人主义以起了。从前的经济学，是以资本为本位，以资本家为本位。以后的经济学，要以劳动为本位，以劳动者为本位了。这正是个人主义向社会主义、人道主义过渡的时代。

马克思是社会主义经济学的鼻祖，现在正是社会主义经济学改造世界的新纪元，“马克思主义”在经济思想史上的地位如何重要，也就可以知道了。

本来社会主义的历史并非自马氏始的，马氏以前也很有些有名的社会主义者，不过他们的主张，不是偏于感情，就是涉于空想，未能造成一个科学的理论与系统。至于马氏才用科学的论式，把社会主义的经济组织的可能性与必然性，证明与从来的个人主义经济学截然分立，而别树一帜，社会主义经济学才成一个独立的系统，故社会主义经济学的鼻祖不能不推马克思。

（三）

“马克思主义”在经济思想史上的价值，既如上述，我当更进而就他的学说的体系略为大体的分析，以便研究。

马氏社会主义的理论，可大别为三部：一为关于过去的理论，就是他的历史论，也称社会组织进化论；二为关于现在的理论，就是他的经济论，也称资本主义的经济论；三为关于将来的理论，就是他的政策论，也称社会主义运动论，就是社会民主主义。离了他的特有的史观，去考他的社会主义，简直的是不可能。因为他根据他的史观，确定社会组织是由如何的根本原因变化而来的；然后根据这个确定的原理，以观察现在的经济状态，就把资本主义的经济组织，为分析的、解剖的研究，豫言现在资本主义的组织不久必移入社会主义的组织，是必然的运命；然后更根据这个豫见，断定实现社会主义的手段、方法仍在最后的阶级竞争。他这三部理论，都有不可分的关系，而阶级竞争说恰如一条金线，把这三大原理从根本上联络起来。所以他的唯物史观说："既往的历史都是阶级竞争的历史。"他的"资本论"也是首尾一贯的根据那"在今日社会组织下的资本阶级与工人阶级，被放在不得不仇视、不得不冲突的关系上"的思想立论。关于实际运动的手段，他也是主张除了诉于最后的阶级竞争，没有第二个再好的方法。为研究上便利起见，就他的学说各方面分别观察，大概如此。其实他的学说是完全自成一个有机的有系统的组织，都有不能分离不容割裂的关系。

(四)

请先论唯物史观。

唯物史观也称历史的唯物主义。他在社会学上曾经，并且正在表现一种理想的运动，与前世纪初在生物学上发现过的运动，有些相类。在那个时候是用以说明各种形态学上的特征、关系的重要，志在得一个种的自然分类，与关于生物学上有机体生活现象更广的知识。这种运动既经指出那内部最深的构造，比外部明显的建造，若何重要，唯物史观就站起来反抗那些历史家与历史哲学家，把他们多年所推崇为非常重要的外部的社会构造，都列于第二的次序；而那久经历史家辈蔑视，认为卑微暧昧的现象的，历史的唯物论者却认为于研究这很复杂的社会生活全部的构造与进化，有莫大的价值。

历史的唯物论者观察社会现象，以经济现象为最重要，因为历史上物质的要件中，变化发达最甚的，算是经济现象。故经济的要件是历史上唯一的物质的要件。自己不能变化的，也不能使别的现象变化。其他一切非经济的物质的要件，如人种的要件、地理的要件等等，本来变化很少，因之及于社会现象的影响也很小，但于他那最少的变化范围内，多少也能与人类社会的行程以影响。在原始未开时代的社会，人类所用的劳作工具，极其粗笨，几乎完全受制于自然。而在新发见的地方，向来没有什么意味的地理特征，也成了非常重大的条件。所以历史的唯物论者，于那些经济以外的一切物质的条件，也认他于人类社会有意义，有影响。不过因为他的影响甚微，而且随着人类的进化日益减退，结局只把他们看作经济的要件的支流罢了。因为这个缘故，有许多人主张改称唯物史观为经济史观。

唯物史观，也不是由马氏创的。自孔道西（Condorcet）依着器械论的典型，想把历史作成一科学，而期发见出一普遍的力，把那变幻无极的历史现象，一以贯之，已经开了唯物史观的端绪。故孔道西算是唯物史观的开创者。至桑西门（Saint-Simon）把经济的要素，比精神的要素看得更重。十八世纪时有一种想象说，说法兰西历史的内容不过是佛兰坎人与加利亚人间的人种竞争。他受了此说的影响，谓最近数世纪间的法国历史不外封建制度与产业的竞争，其争以大革命期达于绝顶。而产业初与君国制联合，以固专制的基础，基础既成又扑灭王国制。产业的进步是历史的决定条件，科学的进步又为补助他的条件。Thierry，Mignet及Guizot辈继起，袭桑西门氏的见解，谓一时代的理想、教义、宪法等，毕竟不外当时经济情形的反映。关于所有权的法制，是尤其重要的。蒲鲁东亦以国民经济为解释历史的钥匙，信前者为因，后者为果。至于马氏用他特有的理论，把从前历史的唯物论者不能解释的地方，与以创见的说明，遂以造成马氏特有的唯物史观，而于从前的唯物史观有伟大的功绩。

唯物史观的要领，在认经济的构造对于其他社会学上的现象，是最重要的；更认经济现象的进路，是有不可抗性的。经济现象虽用他自己的模型，制定形成全社会的表面构造（如法律、政治、伦理，及种种理想上、精神上的现象都是），但这些构造中的那一个也不能影响他一点。受人类意思的影响，在他是永远不能的。就是人类的综合意思，也没有这么大的力量。就是法律他是人类的综合意思中最直接的表示，也只能受经济现象的影响，不能与丝毫的影响于经济现象。换言之，就是经济现象只能由他一面与其他社会现象以影响，而不能与其他社会现象发生相互的影响，或单受别的社会现象的影响。

经济构造是社会的基础构造，全社会的表面构造，都依着他迁移变化。但这经济构造的本身，又按他每个进化的程级，为他那最高动因的连续体式所决定。这最高动因，依其性质，必须不断的变迁，必然的与社会的经济的进化以诱导。

这最高动因究为何物，却又因人而异。Loria所认为最高动因的，是人口的稠庶。人口不断的增加，曾经决定过去四个联续的根本状态，就是集合、奴隶所有、奴仆（Servile）、佣工。以后将次发生的现象，也该由此决定。马克思则以“物质的生产力”为最高动因：由家庭经济变为资本家的经济，由小产业制变为工场组织制，就是由生产力的变动而决定的。其他学者所认为最高动因的，又为他物。但他们有一个根本相同的论点，就是：经济的构造，依他内部的势力自己进化，渐于适应的状态中，变更全社会的表面构造，此等表面构造，无论用何方法，不能影响到他这一方面，就是这表面构造中最重要的法律，也不能与他以丝毫的影响。

有许多事实可以证明这种观察事物的方法是合理的。我们晓得有许多法律，在经济现象的面前，暴露出来他的无能。十七、八世纪间那些维持商业平准，奖励金块输入的商法，与那最近英国禁遏脱拉斯（Trust）的法律都归无效，就是法律的力量不能加影响于经济趋势的明证。也有些法律，当初即没有力量与经济现象竞争，而后来他所适用的范围，却自一点一点的减缩，至于乌有。这全是经济现象所自致的迁移，无与于法律的影响。例如欧洲中世纪时禁抑暴利的法律，最初就无力与那高利率的经济现象竞争，后来到了利润自然低落，钱利也跟着自然低落的时候，他还继续存在，但他始终没有一点效果。他虽然形式上在些时候维持他的存在，实际上久已无用，久已成为废物。他的存在全是法律上的惰性，只足以证明法律现象远追不上他所欲限制的经济现象，却只在他的脚后一步一步的走，结局惟有服从而已。潜深的社会变动，惟依他自身可以产生，法律是无从与知的。当罗马帝国衰颓时代，一方面旱出奴隶缺乏，奴价腾贵的现象；一方面那一大部分很多而且必要的寄生阶级造成一个自由民，与新自由民的无产阶级。他们的贫困日益加甚，自然渐由农业上的奴仆劳动、工业上的佣工劳动，生出来奴隶制度的代替，因为这两种劳动全于经济上有很多的便利。若是把废奴的事业全委之于当时的基督教、人类同胞主义的理想，那是绝无效果的。十八世纪间英人曾标榜过一种高尚的人道主义的宗教。到了资本家经济上需要奴隶的时候，他们却把奴制输入到美洲殖民地，并且设法维持他。这类的事例不胜枚举，要皆足以证明法律现象只能随着经济现象走，不能越过他，不能加他以限制，不能与他以影响。而欲以法律现象奖励或禁遏一种经济现象的，都没有一点效果。那社会的表面构造中最重要的法律，尚且如此，其他如综合的理想等等，更不能与经济现象抗衡。

（五）

迄兹所陈是历史的唯物论者共同一致的论旨。今当更进而述马氏独特的唯物史观。

马氏的经济论，因有他的名著“资本论”详为阐发，所以人都知道他的社会主义系根据于一定的经济论的。至于他的唯物史观，因为没有专书论这个问题，所以人都不甚注意。他的“资本论”，虽然彻头彻尾以他那特有的历史观作基础，而却不见有理论的揭出他的历史观的地方。他那历史观的纲要，稍见于一八四七年公刊的“哲学的贫困”，及一八四八年公布的“共产者宣言”。而以一定的公式表出他的历史观，还在那一八五九年他作的那“经济学批评”的序文中。现在把这几样著作里包含他那历史观的主要部分，节译于下，以供研究的资料。

（一）见于“哲学的贫困”中的：

“经济学者蒲鲁东氏，把人类在一定的生产关系之下制造罗纱、麻布、绢布的事情，理解的极其明了。可是这一定的社会关系，也和罗纱、麻布等一样，是人类的生产物，他还没有理解。社会关系与生产力有密切的连络。人类随着获得新生产力，变化其生产方法；又随着变化生产方法，——随着变化他们得生活资料的方法——他们全变化他们的社会关系。手臼造出有封建诸侯的社会。蒸汽制粉机造出有产业的资本家的社会。而这样顺应他们的物质的生产方法，以建设其社会关系的人类，同时又顺应他们的社会关系，以作出其主义、思想、范畴。”

（二）见于“共产者宣言”中的：

“凡以前存在的社会的历史都是阶级竞争的历史。希腊的自由民与奴隶，罗马的贵族与平民，中世的领主与农奴，同业组合的主人与职工，简单的说，就是压制者与被压制者，自古以来，常相反目，而续行或隐然，或公然，不断的争斗总是以全社会革命的变革，或以相争两阶级的共倒结局的一切争斗。试翻昔时的历史，社会全被区别为种种身分者，社会的地位有多样的等差，这类现象我们殆到处可以发见。在古代罗马则有贵族、骑士、平民、奴隶；在中世则有封建诸侯、家臣、同业组合的主人、职工、农奴，且于此等阶级内更各分很多的等级。由封建的社会的崩坏，产出来的近世的社会，仍没把阶级的对立废止。他不过带来了新阶级、新压制手段、新争斗的形式，以代旧的罢了。

“可是到了我们的时代，就是有产者本位的时代，却把阶级的对立简单了。全社会越来越分裂为互相敌视的二大阵营，为相逼对峙的二人阶级：就是有产者与无产者。

“……依以上所述考之，资本家阶级所拿他作基础以至勃兴的生产手段及交通手段，是已经在封建社会作出来的。此等生产手段及交通手段的发展达于一定阶段的时候，封建的社会所依以营生产及交换的关系，就是关于农业及工业封建的组织，简单一句话就是封建的所有关系，对于已经发展的生产力，久已不能适应了。此等关系，现在不但不能奖励生产，却妨阻生产，变成了许多的障碍物。所以此等关系不能不被破坏，果然又被破坏了。

“那自由竞争就随着于他适合的社会的及政治的制度，随着有产者阶级的经济的及政治的支配，代之而起了。

“有产者阶级，于其不满百年的阶级支配之下，就造出比合起所有过去时代曾造的还厚且巨的生产力。自然力的征服，机械、工业及农业上的化学应用，轮船、火车、电报，全大陆的开垦，河川的开通，如同用魔法唤起的这些人类，在前世纪谁能想到有这样的生产力能包容在社会的劳动里呢？

“把这样伟大的生产手段及交通手段，象用魔法一般唤起来的资本家的生产关系及交通关系，——资本家的所有关系——现代的资本家的社会，如今恰与那魔术师自念咒语唤起诸下界的力量，而自己却无制御他们的力量了的情事相等。数十年的工商史，只是现代的生产力，对于现代的生产关系，对于那不外有产者的生活条件及其支配力的所有关系，试行谋叛的历史。我们但举那商业上的恐慌——因隔一定期间便反复来袭，常常胁迫有产社会的全存在的商业恐慌——即足以作个证明。……有产者阶级颠复封建制度的武器，今乃转而向有产者阶级自身。

“有产者阶级不但锻炼致自己于死的武器，并且产出去挥使那些武器的人——现代的劳动阶级、无产者就是。

“人人的观念、意见及概念，简单一句话，就是凡是属于人间意识的东西，都随着人人的生活关系，随着其社会的关系，随着其社会的存在，一齐变化。这是不用深究就可以知道的。那思想的历史所证明的，非精神上的生产随着物质上的生产一齐变化而何?”

（三）见于“经济学批评”序文中的：

“人类必须加入那于他们生活上必要的社会的生产，一定的、必然的、离于他们的意志而独立的关系，就是那适应他们物质的生产力一定的发展阶段的生产关系。此等生产关系的总和，构成社会的经济的构造——法制上及政治上所依以成立的、一定的社会的意识形态所适应的真实基础——物质的生活的生产方法，一般给社会的、政治的及精神的生活过程，加上条件。不是人类的意识决定其存在，他们的社会的存在反是决定其意识的东西。

“社会的物质的生产力，于其发展的一定阶段，与他从来所在那里面活动当时的生产关系，与那不过是法制上的表现的所有关系冲突。这个关系，这样由生产力的发展形式变而为束缚。于是乎社会革命的时代来。巨大的表面构造的全部，随着经济基础的变动，或徐，或激，都变革了。

“当那样变革的观察，吾人非常把那在得以自然科学的论证的经济的生产条件之上所起的物质的变革，与那人类意识此冲突且至决战的，法制上、政治上、宗教上、艺术上、哲学上的形态，简单说就是观念上的形态，区别不可。想把那样变革时代，由其时代的意识判断，恰如照着一个人怎样想他自己的事，以判断其人一样，不但没有所得，意识这个东西宁是由物质生活的矛盾，就是存在于社会生产力与生产关系间的冲突，才能说明的。

“一社会组织，非到他的全生产力，在其组织内发展的一点余地也没有了以后，决不能颠覆去了。这新的，比从前还高的生产关系，在这个东西的物质的生存条件于旧社会的母胎内孵化完了以前，决不能产生出来。人类是常只以自能解决的问题为问题的。因为拿极正确的眼光去看，凡为问题的，惟于其解决所必要的物质条件已经存在，或至少也在成立过程中的时会，才能发生。

“综其大体而论，吾人得以亚细亚的、古代的、封建的及现代资本家的生产方法，为社会经济的组织进步的阶段。而在此中，资本家的生产关系，是社会的生产方法之采敌对形态的最后。——此处所谓敌对，非个人的敌对之意，是由各个人生活的社会的条件而生的敌对之意，——可是在资本家社会的母胎内发展的生产力，同时作成于此敌对的解决必要的物质条件。人类历史的前史，就以此社会组织终。”

（以上的译语，从河上肇博士。）

据以上所引，我们可以略窥马克思唯物史观的要领了。现在更把这个要领简单写出，以期易于了解。

马克思的唯物史观有二要点：其一是关于人类文化的经验的说明；其二即社会组织进化论。其一是说人类社会生产关系的总和，构成社会经济的构造。这是社会的基础构造。一切社会上政治的、法制的、伦理的、哲学的，简单说，凡是精神上的构造，都是随着经济的构造变化而变化。我们可以称这些精神的构造为表面构造。表面构造常视基础构造为转移，而基础构造的变动，乃以其内部促他自己进化的最高动因，就是生产力，为主动，属于人类意识的东西，丝毫不能加他以影响，他却可以决定人类的精神、意识、主义、思想，使他们必须适应他的行程。其二是说生产力与社会组织有密切的关系。生产力一有变动，社会组织必须随着他变动。社会组织即社会关系，也是与布帛菽粟一样，是人类依生产力产出的产物。手臼产出封建诸侯的社会，蒸汽制粉机产出产业的资本家的社会。生产力在那里发展的社会组织，当初虽然助长生产力的发展，后来发展的力量到那社会组织不能适应的程度，那社会组织不但不能助他，反倒束缚他妨碍他了。而这生产力虽在那束缚他、妨碍他的社会组织中，仍是向前发展不已。发展的力量愈大，与那不能适应他的社会组织间的冲突愈迫，结局这旧社会组织非至崩坏不可。这就是社会革命。新的继起，将来到了不能与生产力相应的时候，他的崩坏亦复如是。可是这个生产力，非到在他所活动的社会组织里发展到无可再容的程度，那社会组织是万万不能打破。而这在旧社会组织内，长成他那生存条件的新社会组织，非到自然脱离母胎，有了独立生存的运命，也是万万不能发生。恰如孵卵的情形一样，人为的助长，打破卵壳的行动，是万万无效的，是万万不可能的。

以上是马克思独特的唯物史观。

（六）

与他的唯物史观很有密切关系的，还有那阶级竞争说。

历史的唯物论者，既把种种社会现象不同的原因总约为经济的原因，更依社会学上竞争的法则，认许多组成历史明显的社会事实，只是那直接，间接，或多，或少，各殊异阶级间团体竞争所表现的结果。他们所以牵入这竞争中的缘故，全由于他们自己特殊经济上的动机。由历史的唯物论者的眼光去看，十字军之役也含着经济的意味。当时繁盛的义大利共和国中，特如 Venice 的统治阶级，实欲自保其东方的繁富市场。宗教革新的运动，虽然戴着路德的名义，其时的民众中，也似乎有一大部分是意在免去罗马用种种方法征课的重税（那最后有道理的赎罪符也包在内）。基督教的传布，也是应无产阶级的要求作一种实际的运动。把首都由罗马迁至 Byzantium（就是现在的康士坦丁堡），与那定基督教为官教，也是经济的关系。这两件事都是为取罗马帝国从来的重心而代之。因为当时的中产阶级，实为东方富有财势的商贾阶级，势力很厚。他们和那基督教的无产阶级相合，以与罗马寄生的贵族政治分持平衡的势力，而破坏之。法国大革命也全是因为资本家的中级势力，渐渐可以压迫拥有土地的贵族，其间的平衡久已不固，偶然破裂，遂有这个结果。就是法国历史上迭起层兴的政治危机，单由观念学去研究终于神秘难解。象那拿破仑派咧，布尔康家正统派咧，欧尔林家派咧，共和党咧，平民直接执政党咧，他们背后都藏着很复杂的经济意味。不过打着这些旗帜互相争战，以图压服他的反对阶级，而保自己阶级经济上的利益就是了。这类的政治变动，由马克思解释，其根本原因都在殊异经济阶级间的竞争。我们看那马克思与昂格思的“共产者宣言”中“从来的历史都是阶级竞争的历史”的话，马克思在他的“经济学批评”序文中，也说“从来的历史尽是在阶级对立——固然在种种时代呈种种形式——中进行的”，就可以证明他的阶级竞争说，与他的唯物史观有密切关系了。

就这阶级竞争的现象，我们可以晓得，这经济上有共同利害自觉的社会团体，都有毁损别的社会团体以增加自己团体利益的倾向。这个倾向，斯宾塞谓是本于个人的利己心。他在“社会学研究”中说：“个人的利己心引出由他们作成的阶级的利己心，于分别的努力以外，还要发生一种协同的努力，去从那社会活动的总收入中，取些过度的领分。这种综合的倾向，在每阶级中这样发展，必须由其他诸阶级类似的综合的倾向来维持其平衡。”由此以观，这阶级竞争在社会的有机体中恰与 Wilhelm Roux 所发见的“各不同的部分官能组织细胞间的竞争，在各有机体中进行不已”的原则相当。宇宙间一切生命都向“自己发展”（Self-expansion）活动不已。“自己发展”是生物学上、社会学上一切有机的进化全体根本的动机，是生物界普遍无敌的倾向。阶级竞争是这种倾向的无量表现与结果中的一个。而在马克思则谓阶级竞争之所由起，全因为土地共有制崩坏以后，经济的构造都建在阶级对立之上。马氏所说的阶级，就是经济上利害相反的阶级，就是有土地或资本等生产手段的有产阶级，与没有土地或资本等生产手段的无产阶级的区别：一方是压服他人掠夺他人的，一方是受人压服，被人掠夺的。这两种阶级，在种种时代，以种种形式表现出来。亚细亚的、古代的、封建的、现代资本家的，这些生产方法出现的次第，可作经济组织进化的阶段，而这资本家的生产方法，是社会的生产方法中采敌对形式的最后。阶级竞争也将与这资本家的生产方法同时告终。至于社会为什么呈出阶级对立的现象呢？马氏的意见以为全是因为一个社会团体，依生产手段的独占，掠夺他人的余工余值（余工余值说详后）的原故。但这两种阶级，最初不过对于他一阶级，可称一个阶级，实则阶级的本身还没有成个阶级，还没有阶级的自觉。后来属于一阶级的，知道他们对于别的阶级，到底是立于不相容的地位，阶级竞争是他们不能避的运命，就是有了阶级的自觉，阶级间就起了竞争。当初只是经济的竞争，争经济上的利益，后来更进而为政治的竞争，争政治上的权力，直至那建在阶级对立上的经济的构造自己进化，发生了一种新变化为止。这样看来，马氏并非承认这阶级竞争是与人类历史相终始的，他只把他的阶级竞争说应用于人类历史的前史，不是通用于过去、现在、未来的全部。与其说他的阶级竞争说是他的唯物史观的要素，不如说是对于过去历史的一个应用。

（七）

马氏的唯物史观及其阶级竞争说，既已略具梗概，现在更把对于其说的评论，举出几点，并述我的意见。

马氏学说受人非难的地方很多，这唯物史观与阶级竞争说的矛盾冲突，算是一个最重要的点。盖马氏一方既确认历史——马氏主张无变化即无历史——的原动为生产力；一方又说从来的历史都是阶级竞争的历史，就是说阶级竞争是历史的终极法则，造成历史的就是阶级竞争。一方否认阶级的活动，无论是直接在经济现象本身上的活动，是间接由财产法或一般法制上的限制，常可以有些决定经济行程的效力；一方又说阶级竞争的活动，可以产出历史上根本的事实，决定社会进化全体的方向。Eugenio Rignano 驳他道："既认各阶级间有为保其最大经济利益的竞争存在，因之经济现象亦自可以随这个或那个阶级的优越，在一方面或他一方面受些限制，又说经济的行程象那天体中行星的轨道一样的不变，从着他那不能免的进路前进，人类的什么影响都不能相加。那么那主要目的在变更经济行程的阶级竞争，因为没有什么可争，好久就不能存在了。在太阳常行的轨道上，有了一定的变更，一定可以贡献很大的经济利益于北方民族，而大不利于南方民族。但我想在历史纪录中，寻找一种族或一阶级的竞争，把改变太阳使他离了常轨作目的的，是一件无益的事。”这一段话可谓中了要扼。不过这个明显的矛盾，在马氏学说中，也有自圆的说法。他说自从土地共有制崩坏以来，经济的构造都建立在阶级对立之上。生产力一有变动，这社会关系也跟着变动。可是社会关系的变动，就有赖于当时在经济上占不利地位的阶级的活动。这样看来，马氏实把阶级的活动归在经济行程自然的变化以内。但虽是如此说法，终觉有些牵强矛盾的地方。

这全因为一个学说最初成立的时候，每每陷于夸张过大的原故。但是他那唯物史观，纵有这个夸张过大的地方，于社会学上的进步，究有很大很重要的贡献。他能造出一种有一定排列的组织，能把那从前各自发展不相为谋的三个学科，就是经济、法律、历史，联为一体，使他现在真值得起那社会学的名称。因为他发见那阶级竞争的根本法则；因为他指出那从前全被误解或蔑视的经济现象，在社会学的现象中是顶重要的；因为他把于决定法律现象有力的部分归于经济现象，因而知道用法律现象去决定经济现象是逆势的行为；因为他借助于这些根本的原则，努力以图说明过去现在全体社会学上的现象。就是这个，已足以认他在人类思想有效果的概念中，占优尚的位置，于学术界思想界有相当的影响。小小的瑕疵，不能掩了他那莫大的功绩。

有人说，历史的唯物论者以经济行程的进路为必然的、不能免的，给他加上了一种定命的采色，后来马克思派的社会党，因为信了这个定命说，除去等着集产制自然成熟以外，什么提议也没有，什么活动也没有，以致现代各国社会党都遇见很大的危机。这固然可以说是马氏唯物史观的流弊，然自马氏与昂格思合布“共产者宣言”，大声疾呼，檄告举世的劳工阶级，促他们联合起来，推倒资本主义，大家才知道社会主义的实现，离开人民本身，是万万作不到的，这是马克思主义一个绝大的功绩。无论赞否马氏别的学说的人，对于此点，都该首肯。而在社会主义者评论 Socialist Review 第一号揭载的昂格思函牍中，昂氏自己说，他很喜欢看见美国的工人，在于政治信条之下，作出一种组织，可见他们也并不是坐待集产制自然成熟，一点不去活动的。而在别一方面，也可以拿这社会主义有必然性的说，坚人对于社会主义的信仰，信他必然发生，于宣传社会主义上，的确有如耶教福音经典的效力。

历史的唯物论者说经济现象可以变更法律现象，法律现象不能变更经济现象，也有些人起了疑问。历史的唯物论者既承认一阶级的团体活动，可以改造经济组织，那么一阶级的团体活动，虽未至能改造经济组织的程度，而有时亦未尝没有变更经济行程趋势的力量。于此有个显例，就是现代劳工阶级的联合活动，屡见成功，居然能够屈服经济行程的趋势。这种劳工结合，首推英国的工联（Trade unions）为最有效果，他们所争在增加劳银。当时经济现象的趋势是导工人于益困益卑的地位，而工联的活动竟能反害为利。大战起来以后，工联一时虽停止活动，战事既息，他们又重张旗鼓。听说铁路人员总会、交通劳动者（专指海上劳动者）联合会，和矿夫联合会三种工联，联合起来，向政府及资本家要求种种条件，声势甚猛，（参照“每周评论”第三十三号欧游记者明生君通信）将来的效果必可更大。这自觉的团体活动，还没有取得法律的性质，已经证明他可以改变经济现象的趋势，假使把这种活动的效力，用普通法律，或用那可以塞住经济现象全进路的财产法，保障起来，巩固起来，延长他那效力的期间，他那改变经济现象趋势的效力，不且更大么？试把英、法二国的土地所有制比较来看：在英国则诺曼的侵略者及其子孙，依战胜余威，获据此全土，而与其余人口相较，为数甚少，故利在制定限嗣财产制与脱拉斯制，以保其独占权，结果由此维持住大地产制。在法国则经数世纪的时间，贵族及僧侣阶级的财产为革命的中产阶级所剥夺，这剥夺他们的中级人民人口的数，又占全体的大部，故利在分割而不在独占，适与英国的诺曼侵略者及其子孙相反，于是中级人民催着通过特别遗书遗产法，以防大财产制的再见。他们二国的财产法和防遏或辅助田间经济现象趋势的法制，这样不同，所以导他们经济的表现与进化于不同的境界。一则发生很大的领地财产、隐居主义、为害田禾的牧业、全国的人口减少、农村人口的放逐与财富的分配极不平均种种现象。一则发生土地过于割裂、所有者自治其田畴、强盛的农业、节俭之风盛行、分配平均种种现象。这样看来，经济现象和法律现象，都是社会的原动力，他们可以互相影响，都于我们所求的那正当决定的情状有密切的关系。那么，历史的唯物论者所说经济现象有不屈不挠的性质，就是团体的意思、团体的活动，在他面前都得低头的话，也不能认为正确了。但是此等团体的活动，乃至法律，仍是在那可以容他发生的经济构造以上的现象，仍是随着经济的趋势走的，不是反着经济的趋势走的。例如现代的经济现象，一方面劳工阶级的生活境遇日趋于困难；一方面益以促其阶级的自觉，益增其阶级活动的必要，益使其活动的效果足以自卫。这都是现在资本主义制下自然的趋势，应有的现象，不能作足以证明法律现象可以屈抑经济趋势的理据；与其说是团体行动，或法律遏抑经济趋势的结果，毋宁说是经济本身变化的行程。英、法二国财产制之著效，也是在他们依政治的势力，在经济上得占优势，得为权力阶级以后的事，也全是阶级竞争的结果。假使在英国当时定要施行一种防遏大地产制的法律，在法国当时定要施行一种禁抑小财产制的法律，恐怕没有什么效果。在经济构造上建立的一切表面构造，如法律等，不是绝对的不能加些影响于各个的经济现象，但是他们都是随着经济全进路的大势走的，都是辅助着经济内部变化的，就是有时可以抑制各个的经济现象，也不能反抗经济全进路的大势。我们可以拿团体行动、法律、财产法三个联续的法则，补足阶级竞争的法则，不能拿他们推翻马氏唯物史观的全体。

有许多人所以深病“马克思主义”的原故，都因为他的学说全把伦理的观念抹煞一切，他那阶级竞争说尤足以使人头痛。但他并不排斥这个人高尚的愿望，他不过认定单是全体分子最普通的伦理特质的平均所反映的道德态度，不能加影响于那经济上利害相同自觉的团体行动。我们看在这建立于阶级对立的经济构造的社会，那社会主义伦理的观念，就是互助、博爱的理想，实在一天也没有消灭，只因有阶级竞争的经济现象，天天在那里破坏，所以总不能实现。但这一段历史，马氏已把他划入人类历史的前史，断定他将与这最后的敌对形式的生产方法，并那最后的阶级竞争一齐告终。而马氏所理想的人类真正历史，也就从此开始。马氏所谓真正历史，就是互助的历史，没有阶级竞争的历史。近来哲学上有一种新理想主义出现，可以修正马氏的唯物论，而救其偏蔽。各国社会主义者，也都有注重于伦理的运动，人道的运动的倾向，这也未必不是社会改造的曙光，人类真正历史的前兆。我们于此可以断定，在这经济构造建立于阶级对立的时期，这互助的理想，伦理的观念，也未曾有过一日消灭，不过因他常为经济构造所毁灭，终至不能实现。这是马氏学说中所含的真理。到了经济构造建立于人类互助的时期，这伦理的观念可以不至如从前为经济构造所毁灭。可是当这过渡时代，伦理的感化，人道的运动，应该倍加努力，以图划除人类在前史中所受的恶习染，所养的恶性质，不可单靠物质的变更。这是马氏学说应加救正的地方。

我们主张以人道主义改造人类精神，同时以社会主义改造经济组织。不改造经济组织，单求改造人类精神，必致没有效果。不改造人类精神，单求改造经济组织，也怕不能成功。我们主张物心两面的改造，灵肉一致的改造。

总之，一个学说的成立，与其时代环境有莫大的关系。马氏的唯物史观，何以不产生于十八世纪以前，也不产生于今日，而独产生于马氏时代呢？为当时他的环境，有使他创立这种学说的必要和机会。十八世纪以前的社会政治和宗教的势力，比经济的势力强，所谓社会势力从经济上袭来的很少。因为原始社会的经济组织是仅求自足的靠着自然的地方居多，靠着人力的地方还少，所以宗教和政治的势力较大。譬如南美土人，只伸出一张口，只等面包树，咖啡树给他吃喝，所以他们只有宗教的感谢，没有经济的竞争。到了英国产业革命后的机械生产时代，人类脱离自然而独立，达到自营自给的经济生活，社会情形为之一变，宗教政治的势力全然扫地，经济势力异军苍头特起支配当时的社会了。有了这种环境，才造成了马氏的唯物史观。有了这种经济现象，才反映以成马氏的学说主义。而马氏自己却忘了此点。平心而论马氏的学说，实在是一个时代的产物，在马氏时代，实在是一个最大的发见。我们现在固然不可拿这一个时代一种环境造成的学说，去解释一切历史，或者就那样整个拿来，应用于我们生存的社会，也却不可抹煞他那时代的价值，和那特别的发见。十字军之役，固然不必全拿那历史的唯物论者所说，全是经济的意味去解释，但当那僧侣彼得煽动群众营救圣墓的时候，彼得与其群众虽然没有经济的意味参杂其间，或者纯是驱于宗教的狂信，而那自觉的经济阶级，实在晓得利用这无意识的反动，达他们有意识的经济上的目的。从前的历史家，完全把经济的意味蔑视了，也实未当。我们批评或采用一个人的学说，不要忘了他的时代环境和我们的时代环境就是了。

(八)

我于上篇，既将马氏的“唯物史观”和“阶级竞争说”略为评述，现在要述他的“经济论”了。马氏的“经济论”有二要点：一“余工余值说”，二“资本集中说”。前说的基础，在交易价值的特别概念。后说的基础，在经济进化的特别学理。用孔德的术语说，就是一属于经济静学，一属于经济动学。

今先述“余工余值说”。

马氏的目的，在指出有产阶级的生活，全系靠着无产阶级的劳工。这并不是马氏新发明的理论，从前 Sismondi，Saint-Simon，Proudhon，Rodbertus 诸人，在他们的著作中，也曾有过这种议论。不过他们的批评，与其说是经济的，毋宁说是社会的。私有财产制及其不公，是他们攻击的标的。马氏则不然，他郑重的归咎于经济科学的本身，特别归咎于交易观念。他所极力证明这私营事业必须存在的理由，就是因为这是交易不能免的结果。——一个经济上的必要，贵族与平民都须服从的。

马氏的“余工余值说”，是从他那“劳工价值论”演出来的。

马氏说劳工不只是价值的标准与理由，并且是价值的本体。从前 Ricardo 也曾有过类似的观念，但他未能决然采用。马氏于此，毅然采取其说，不象 Ricardo 的踌躇。

马氏也决不否认“效用是价值的必要条件”。由效用的价值而论，这的确是唯一的理由，但他以为单拿效用这一点说明交易的价值，理据尚不充足。每在一个交易的行为，两个物品间必含着共同的原素，一致的等级。此种一致，决不是效用的结果，因为效用的等级，在每个物品中均不相同。而所以构成交易这件事存在的理由的，就是这个不同。在那些性质各异的物品中所含的共同原素，不是效用，乃是那些物品中所含劳工分量的大小。每个物品的价值，应该纯是物品中所含人类劳工结晶的全量。物品价值的分别，全依劳工的分量而异。此等劳工，是于生产这些物品有社会的必要的东西。

例如有一工人在一种产业里作工，一日工作十小时，什么是他的生产物的交易价值呢？这交易价值，应该是他那十小时劳工的等量。他所生产的，是布，是煤，或是他物，都不必问。按工银交易的条件，资本家把处分物品的权保留在自己手中，而按实在的价值出售。这实在的价值，就是十小时劳工的等量。

工人的工力（Labour force）为工银所买，与其本人断绝关系。工银专以代表资本家偿他工力的物价，而资本家即保持自由处分这个物品（指工力）的权利于自己手中。工力价值的决定，与别的可以交易的物品相同。工力恰是一种物品，他的价值也是由那于他的生产所必需的劳工时间数目决定。

生产工力所必需的工量（Labour quantity），是一种稍觉奇异的话，初究马氏学说的人，最难领会其旨趣。但是必须领会，才得了解马氏的经济学说。实在稍加研究，觉得这种见解也并没有什么稀奇。设若拿一个机械的活动代替一个工人的劳工，执一个工程师，问他这架机械要多少维持费？他决不以为奇，并且立答以每时每日需多少吨煤炭，而煤炭的价值，又纯是代表那采掘煤炭的一定人工的总积。我们把煤炭换成劳工去说明他，又有什么难懂呢？

工银制下的工人，纯是一种机械。所不同的地方，维持机械的财物是在他处由他人的劳工生产出来的，维持工人的财物是由他自己的劳工生产的一小部分。一时间的劳作，或一日的辛苦，其价值均可以在那个时间保持那个工人使他能够完全维持他的生产力所必需的需要为标准。无论资本家以物品以金钱偿他的工值，都是代表那必要费的价值。

维持工力所必要的物品的价值，永不能与那工力的生产的价值相等。例如一日维持工力所必要的物品的价值，决不能与十小时工力的价值相等，或且不抵五小时。在模范状态下的人类工力，常足以生产比他所单纯消费的物品的价值多。

工人所生产的价值，全部移入资本家的手中，完全归他处分。而以其一小部分用工银的名目还给工人，其量仅足以支应他在生产此项物品的期间所消用的食品，余则尽数归入资本家的囊中。生产物的售出，其价与十小时的工力相等，而工人所得，则止抵五小时工力的价值。其余五小时工力的价值，马氏叫作“余值”(Surplus value)。

这样办去，资本家获得工人十小时的工力，而仅以五小时的代价还给工人。其余五小时的工力，在工人毫不值钱。前五小时间工人所生产的，等于他的工值。第五时以后他所做的工，于他什么也不值了。这生产“余值”的额外时间，于工人本身一文不值的工力，马氏叫作“余工”(Surplus labour)。

余值既全为资本家的掠夺品，那工人分外的工作，就是余工，便一点报偿也没有。刚是对工人的能力课额外的汗血税，而为资本家增加幸运，这是现代资本主义的秘密，这是资本主义下资本家掠夺劳工生产的方式。

因为这个原故，资本家的利益，就在增大余值。他们想了种种方法，达这个目的。解析这些方法，揭破资本主义的秘密，就是马氏学说特色之一。依马氏的解析，资本家增大余值的方法有二要着：

一、尽力延长工作时间，以求增加余工时间的数目。假使工作时间的数目，可以由十小时增至十二小时，这余工时间，自然可以由五小时增至七小时。企业家常谋为此。虽有工场立法，强制些产业限制工作时间，于阻止余值的增长多少有点效果，但推行的范围，究竟限于少数产业，所以“八时间工作”的运动，仍不能不纷纷四起。

二、尽力缩短生产工人必要生活费的时间。假令生产工人必要生活费的工作时间，由五小时缩短至三小时，那余工时间自然由五小时增至七小时了。此种缩短，是可以由产业组织的完全或由生活费的减少作得到的。生活费减少，常为由协力（Co-operation）的影响所生的结果。资本家每依建立慈善院或雇用比成人生活费较少的妇幼劳工以图此利益。妇幼离开家庭，那一切家事乃至煮饭洗衣等等，都留给男子去做。但若有维持女工工银与男工相等的方法或限制妇幼劳工的法律，此种战略，也就完全失败了。

马氏的论旨，不在诉说资本家的贪婪，而在揭破资本主义的不公。因为掠夺工人的，并不是资本家，乃是资本主义，工银交易的条件，资本家已经全然履行。你得一份钱，他买一份货，也算是公平交易。既然许资本主义与自由竞争行于经济界，这种结果是必不能免的。资本家于此，固极愿购此便宜物品，因为他能生产比他自身所含价值还多的东西。惟有这一班可怜的工人，自己把自己的工力象机械一般贱价给人家，所得的价格，仅抵自己生产价值之半，或且不及其半，在法律上经济上全没有自卫之道，而自己却视若固然。这不是资本家的无情，全是资本主义的罪恶！

（九）

前节所述，是马氏“价值论”的要旨。而与其“价值论”最有关系的“平均利润率论”，也不可不略为说明。

今于说明“平均利润率论”以前，须先说一说那余值怎么变成利润的道理。余值本是由劳工生产的价值中除去他的必要生活费所余的价值。这必要生活费就是可变资本。是资本的一部分，不是资本的全部。余值的发生，是单由于可变资本，不是由于资本全部。但因生产物品时支出的费用都出自资本（这些费用，马氏叫作费用价格），而于费用价格的表形，不能认可变资本与不变资本间有何等区别，就把那仅与可变资本有关系的余值作成与全资本都有关系的样子。工力的价格就变成工银，工力生产的余值就变成利润了。我们可用下列的论式表明这个道理：

1. 全资本（C）由不变资本（c）与可变资本（v）而成，

2. 可变资本生出余值（m），

3. 余值对于可变资本的比例$\frac{m}{v}$叫作余值率，用m'代他，

4. 因而得$\frac{m}{v}=m'$的公式，

5. 又生$m=m'v$的公式，

6. 今不令余值仅关系于可变资本，而使关系于全资本，把他叫作利润（P），

7. 余值对于全资本（C）的关系$\frac{m}{C}$为利润率，用P'代他，

8. 从而得$P'=\frac{m}{C}=\frac{m}{C+v}$的公式，

9. 若把m换成$m'v$又得$P'=m'\frac{m}{c}=m'\frac{m}{c+v}$的新公式，

10. 再把他换成比例式，断得：$P':m'=v:c$的公式，

依此我们可以证明利润率之于余值率的关系，与可变资本之于全资本的关系相等。我们又可断定利润率（P'）常比余值率（m'）小，因为可变资本（v）常比全资本（C）小（$C=c+v$）。

资本主义把那仅与可变资本有关系的余值，变成与全资本有关系的利润，把那对于可变资本的比例的余值率，变成对于全资本的比例的利润率。在这神秘的形态中，把余值用利润的名义尽行掠去的真象，就是如此。

依以上所述的原理，余值随可变资本而增减，全与不变资本的多少无关。但实际上无论可变不变二种资本的比例如何变动，利润率常为同一。这是一个显然的矛盾。为使理论愈益明显，分析解说如下：

1. 余值准可变资本的多少而增减，可变资本多则余值多，可变资本少则余值少。

2. 利润率是把余值以对于全资本（含不变与可变二种）的比例表明的东西，故可变资本多则利润率高，少则利润率低。

3. 然于实际，不拘可变资本分的多少，同一的全资本额有同一的平均利润率。

依马氏可变资本分多则利润率高，少则低的定理，应如下表：

C（全资本） c（不变） v（可变）	m′ 余值率	m 余值	P′ 利润率
100＝80＋20	100％	20	20％
100＝72＋30	100％	30	30％
100＝60＋40	100％	40	40％
100＝85＋15	100％	15	15％
100＝95＋5	100％	5	5％

而于实际，这五种产业的利润率都为同一，与价值原则绝不相容。这就是“平均利润率的谜”。

昂格思在“资本论”第二卷的序文中曾说，这个矛盾，Ricardo 已经看出而未能解释，Rodbertus 也曾注意而未能解决，至于马氏，在他的“经济学批评”里，已经解决过这个问题，而在“资本论”第三卷始完全与以解答。故解释“平均利润率的谜”，在马氏书中是一个最著名的点，而因为解释此谜的原故，把他的“劳工价值论”几乎根本推翻。他的学说本身，发生一绝大矛盾，故又是一个最大弱点。

马氏解谜的键，并没有什么稀奇的道理，不过是：

一、商品若能按其价值被买卖，利润率必生种种差别。

二、然于实际，商品不能按其价值被买卖。

三、即于实际，以按不变可变两资本平均结合比例以上的比例结合的资本生产的商品，于其价值以上被买卖。以平均以下的比例的资本生产的商品，于其价值以下被买卖。

马氏以下表说明这个道理：

	资本结合比例	余值	已经消费的资本	商品的		商品卖价	利润率	价值与卖价的差
				价值	费用价格			
Ⅰ	80c＋20v	20	50	90	70	92	22％	＋2
Ⅲ	70c＋30v	30	51	111	81	103	22％	－8
Ⅲ	60c＋40v	40	51	131	91	113	22％	－18
Ⅳ	85c＋15v	15	40	70	55	77	22％	＋7
Ⅴ	95c＋5v	5	10	20	15	37	22％	＋17

我们再把此表细加说明如下：

一、Ⅰ例　不变资本 80　可变资本 20　合计 100

Ⅱ例　不变资本 70　可变资本 30　合计 100

Ⅲ例　不变资本 60　可变资本 40　合计 100

Ⅳ例　不变资本 85　可变资本 15　合计 100

Ⅴ例　不变资本 95　可变资本 5　合计 100

二、余值率（$\frac{m}{v}$即 m'）依马氏的定理皆为同一。兹假定余值率为 100％，

三、那么

Ⅰ例，对于可变资本 20 其 100％的余值为 20，

Ⅱ例，对于可变资本 30 其 100％的余值为 30，

Ⅲ例，对于可变资本 40 其 100％的余值为 40，

Ⅳ例，对于可变资本 15 其 100％的余值为 15，

Ⅴ例，对于可变资本 5 其 100％的余值为 5，

四、费用价格，即生产费，应该与恰足收回（1）可变资本的全部及（2）不变资本中被消费的部分二者的数相当。那不变资本中被消费的部分，假定Ⅰ例为50，Ⅱ例为51，Ⅲ例为51，Ⅳ例为40，Ⅴ例为10，

五、那么费用价格的额，应如下表：

	可变资本		消费资本额		费用价格
Ⅰ	20	＋	50	＝	70
Ⅱ	30	＋	51	＝	81
Ⅲ	40	＋	51	＝	91
Ⅳ	15	＋	40	＝	55
Ⅴ	5	＋	10	＝	15

六、商品的价值，等于把余值与上表所举的费用价格合算起来的数。就是Ⅰ　70＋20＝90　Ⅱ　81＋30＝111　Ⅲ　91＋40＝131　Ⅳ　55＋15＝70　Ⅴ　15＋5＝20

七、商品若能按其价值买卖，其卖价应如下表：

Ⅰ	Ⅱ	Ⅲ	Ⅳ	Ⅴ
90	111	131	70	20

八、而于实际，商品不能按其价值买卖，而以对于平均结合比例所生的余值与费用价格的合计为卖价。用不变资本在平均结合比例以上时，其卖价在上表所列的价值以上。用不变资本在平均结合比例以下时，其卖价在上表所列的价值以下。

九、今为看出这个平均结合比例，应该把第一至第五的资本总括起来，算出不变可变两种资本的百分比例。就是

资本总额　100＋100＋100＋100＋100＝500

不变资本总额　80＋70＋60＋85＋95＝390

可变资本总资　20＋30＋40＋15＋5＝110

把这二种资本总额变成百分比例，得式如下：

$$\frac{390}{500}=78\% \qquad \frac{110}{500}=22\%$$

而余值总额为 20＋30＋40＋15＋5＝110

$$\frac{110}{500}=22\%$$

十、这 22％就是对于平均结合比例 78c＋22v＝100，所生的余值就是对于全资本额的平均利润率。

十一、那么实在的卖价，应是：

Ⅰ　70＋22＝92　Ⅱ　81＋22＝103　Ⅲ　91＋22＝113

Ⅳ　55＋22＝77　Ⅴ　15＋22＝37

十二、随着资本结合的比例不同，有的得其价值以上的卖价，有的得其以下的卖价。现在把这五个例的卖价与其价值的差额算出如下：

第一例，卖价比价值多二，

第二例，卖价比价值少八，

第三例，卖价比价值少十八，

第四例，卖价比价值多七，

第五例，卖价比价值多十七，

十三、再把这五个例的差额合算起来 2－8－18＋7＋17＝0 各个的差异正负相消，由全体上看，卖价与价值仍无二致。

这就是马氏的平均利润率论。

由马氏的平均利润率论看起来，他所说的生产价格——就是实际卖价——和他所说的价值全非同物。但于价值以外，又有一种实际卖价，为供求竞争的关系所支配，与生产物品所使用的工量全不相干。结果又与一般经济学者所主张的竞争价格论有什么区别？物品的实际价格既为竞争所支配，那劳工价值论就有根本动摇的危险。劳工价值论是马克思主义的基础，基础一有动摇，学说全体为之震撼。这究不能不算是马克思主义的一大遗憾。

（十）

马氏的余值说与他的资本说很有关系。他的名著就是以“资本”这个名辞被其全编，也可以看出他的资本说在他的全学说中占如何重要的位置。我所以把他略为介绍于此。

马氏分资本为不变与可变两种。原来资本有二个作用：一是自存，一是增殖。资本用于生产并不消失，而能于生产物中为再生产，足以维持他当初的价值，这叫资本的自存。而资本又不止于自存，生产的结果，更于他本来价值以上生出新价值，这叫资本的增殖。马氏称自存的资本为不变资本（Constant capital），称增殖的资本为可变资本（Variable capital）。能生增殖的，惟有劳力。故惟资本家对于劳工所给的劳银或生活必要品，是可变资本，其余生产工具，都是不变资本。

马氏所说的不变资本，也不是说形态的不变，是说价值的不变。在一生产经过中变其形态的资本，为流通资本，不变其形态的资本，为固定资本。然几经生产以后，就是固定资本，也不能不变其形态。没有永久不变形态的资本。永久不变的，只是他的价值。一万元的资本，千百年前是一万元，千百年后还是一万元。这项资本中永久不变的东西，就是这一万元的价值。

不变资本不能产出余值，只能产出他的价值的等值，他的价值，就是生产他的时候所吸入的价值的总额。

不变资本也是由劳力结晶而成的生产物。你的价值也是依劳工时间而决定，与别的生产物全是一样。

马氏为什么分资本为不变与可变二种呢？就是因为以利息普遍率说为前提。利息普遍率说是由来经济学的通说。其说谓凡资本都能自存，不能自存的，不是资本，是消费财。这个自存，不因事业的性质使用者的能力而异，全离开人格超越环围而行。这就是利息所以有普遍率的原故。一万元的资本，用到农业上商业上均是一万元。这一万元因把他用于生产上生出利息。这个利息为资本自存的价值，随时随地有一定普遍的率，决没有甲的一万元生一分利息，乙的一万元生二分利息的道理。有之就是把别的所得，在利息名义之下混合来的。然在实际上，同是值一万元的资本，他的生产效程决不一样。房屋与机器同是值一万元的东西，而房屋与机器的生产效程不同。同是用一万元买的机器，而甲机器与乙机器的生产效程各异。可是生产分配分的利息普遍均等。有的学者说这个差异不是资本的作用，全是企业能力的关系，富于企业能力的去经营，所得的生产效果多，否则少，故主张以此项差额归入企业的利润。马氏以为不然，他说所以有这个差额的原故，全是因为自存的资本以外有增殖的资本。自存的资本，当然受一定普遍的利率，以外的剩余，都是增殖的资本所生的。增殖的资本，就是资本中有生这个剩余的力量的。有这个力量的资本、只是那用作劳工生活维持料的资本。资本的所有者应该以自存就算满足，应该作不变资本的所得承受利息。那可变资本所得的增殖，全该归生出这个的工人领受，要是把这个归于资本家或企业家，就是掠夺劳工的正当权利，企业的利润，就是赃物的别名。

只有价值决不能生产，必有劳工运用他才能有生产的结果，因为劳工是资本的渊源。可是只有劳工没有维持他们生活的可变资本，还是不能生产。我们从此可以看出劳工与资本也应该有些结合。

于此我们应加特别注意的，就是为社会主义经济学鼻祖的马克思与那为个人主义经济学鼻祖的亚丹斯密氏两人的资本论颇有一致的点，且不是偶然一致，他们实在有系统的立于共同思想上的地方。

马克思分资本为不变与可变二种，亚丹斯密则分资本为固定与流通二种。亚丹斯密的固定资本，适当马克思的不变资本，流通资本适当叫可变资本。其相同的点一。

他们都认随着产业的种类这二种资本配合的比例也不一样。其相同的点二。

马克思主张惟可变资本才能于收回自己的本来价值以外生产余值，余值率常依可变资本的多少为正比例。亚丹斯密主张固定资本不能自己生出收益，必赖流通资本的助力始生收益的剩余。其相同的点三。

马克思说惟有用作维持劳工生活料的资本是可变资本。亚丹斯密列举流通资本的内容，也以维持劳工生活的资料为主。其相同的点四。

可是马克思的可变资本与亚丹斯密的流通资本，其内容也并非全同。亚丹斯密的流通资本中，实含有 1. 止于收回自己本来价值的，2. 以外还生出剩余的二部分。就是把马克思的 1. 被消费的不变资本的部分，2. 可变资本的全部，二者合称为流通资本。那么亚丹斯密的所谓收益（Revenue），其实也把自己收回分包含在内，就是于马克思的所谓余值以外，并括有生产费在内。

马克思主张劳工价值说，亚丹斯密主张生产费价值说，二人的出发点不同。可是马克思终于依了生产费价值说才能维持他的平均利润率说，又有殊途同归的势子。

总之，不变可变资本说是支撑马氏余值论的柱子，余值论又是他的全经济学说的根本观念，这资本说被人攻破，马氏经济学说必受非常的打击。然而他的不变可变资本说与亚丹斯密的固定流通资本说大致相同。而在亚丹斯密的固定流通资本说，则人人祖述奉为典型，以为是不能动摇的定理。而在马克思的不变可变资本说，则很多人攻击，甚或加以痛诋，我们殊为马氏不平！

(十一)

宗马氏的说，入十六世纪初期，才有了资本。因为他所谓资本，含有一种新意义，就是指那些能够生出使用费的东西。这个使用费，却不是资本家自己劳力的结果，是他人辛苦的结果。由此意义以释“资本”，十六世纪以前，可以说并没有资本与资本家。若本着经济上的旧意义说资本单是生产的工具，那么就是十六世纪以前，也何尝没有他存在！不过在那个时代，基尔特制(Guild system)下的工人，多半自己有自己的工具，与马氏用一种新意义解释的资本不同。

马氏根据他那“社会组织进化论”，发见这种含有新意义的资本，渐有集中的趋势，就构成了他的“资本集中论”。

请述他的“资本集中论”的要旨。近代科学勃兴，发明了许多重要机械，致人类的生产力逐渐增加，从前的社会组织，不能供他回翔，封建制度的遗迹，遂全被废灭。代他而起的，乃为近代的国家。于是添了许多新的交通手段，辟了许多新的市场。这种增大的生产力，得了适应他的社会组织，得了适应他的新市场。随着公债的成立，又发生了好多的银行和商业公司，更足助进产业界的发展。从前的些小工业都渐渐的被大产业压倒，也就渐渐的被大产业吸收了。譬如 Trusts 与 Cartels 这些组织，在马氏当时，虽未发生，到了现在，却足作马氏学说的佐证。这Trusts与Cartels的组织，不止吸收小独立产主，并且把中级产主都吸收来，把资本都集中于一处，聚集在少数人的手中。于是产业界的权威，遂为少数资本家所垄断。

上节所说，是资本家一方面的情形。工人这一方面呢，因受这种新经济势力的压迫，不能不和他们从前的财产断绝关系，不能不出卖他自己的劳力，不能不敲资本家的大门卖他自己的人身。因为他们从前卖自己手造的货品的日子过去了，封建制度和基尔特制度的遗迹都消灭了，他们不卖自己的筋力别无东西可卖了！这些工人出卖的劳力，可以产出很多的余值，一班资本家又能在公开市场里自由购买，这真是资本家们创造新样财产的好机会。但是这种新样财产的造成，全是基于别人的汗血，别人的辛苦。他们新式财产之成功，就是从前基于自己劳力而成的旧式财产之破灭。少数资本家的工厂，就是多数无产阶级的大营。从前的有产阶级，为了这个事业，不知费了多少心力，奔走呼号了三世纪之久，他们所标榜的“人权”、“工人自由”的要求，正是他们胜利的凯歌。因为他们要想在市场里收买这种便宜货品，必须使这些工人脱离以前的关系，能够自由有权以出售他自己。他们的事业成功了，工人的运命也就沉落在地底了！

资本主义是这样发长的，也是这样灭亡的。他的脚下伏下了很多的敌兵，有加无已，就是那无产阶级。这无产阶级本来是资本主义下的产物，到后来灭资本主义的也就是他。现今各国经济的形势，大概都向这一方面走。大规模的产业组织的扩张，就是大规模的无产阶级的制造。过度生产又足以缩小市场，市场缩小，就是工人超过需要，渐渐成了产业上的预备军，惟资本家之命是听，呼之来便来，挥之去便去。因为小产主的消灭与牧业代替农业的结果，农村的人口也渐集中于都市，这也是助长无产阶级增长的一个原因。无产阶级愈增愈多，资本愈集中，资本家的人数愈少。从前资本家夺取小手工小产业的生产工具，现在工人要夺取资本家的生产工具了。从前的资本家收用手上和小产业的生产工具，是以少数吸收多数压倒多数，现在工人收用资本家的生产工具，是以多数驱逐少数，比从前更容易了。因为无产阶级的贫困，资本家在资本主义下已失救济的能力，阶级的竞争因而益烈。竞争的结果，把这集中的资本收归公有，又是很简单的事情。“善泅者死于水，善战者死于兵。”凡物发达之极，他的发展的境界，就是他的灭亡的途径。资本主义趋于自灭，也是自然之势，也是不可免之数了。从前个人自有生产工具，所以个人生产的货品当归私有，现在生产的形式已经变为社会的，这分配的方法，也该随着改变应归公有了。资本主义的破坏，就是私有财产制的破坏。因为这种财产，不是由自己的劳工得来的，是用资本主义神秘的方法掠夺他人的辛苦得来的，应该令他消灭于集产制度之下，在资本主义未行以前，个人所有的财产，的确是依个人的劳工而得的。现在只能以社会的形式令这种制度的精神复活，不能返于古昔个人的形式了。因为在这大规模的分工的生产之下，再复古制是绝对不可能。只能把生产工具由资本家的手中夺来，仍以还给工人，但是集合的，不是个人的，使直接从事生产的人得和他劳工相等的份就是了。到了那时，余工余值都随着资本主义自然消灭了。

以上系马氏“经济论”的概要，本篇暂结于此。

1919年5月、11月

“新青年”第6卷第5、6号

署名：李大钊

秘密外交与强盗世界

凡是世界上的土地，只要是世界上知道人的道理的人在那里过人的生活，我们决不把他认作私有物，拒绝他人。但是强盗政府们要根据着秘密外交拿人类正当生活的地方，当作他们私相授受的礼物，或送给那一个强盗国家、强盗政府，作扩张他那强盗势力的根据，无论是山东，是山北，是世界上的什么地方，我们都不承认，都要抗拒的。我们反对欧洲分赃会议所规定对于山东的办法，并不是本着狭隘的爱国心，乃是反抗侵略主义，反抗强盗世界的强盗行为。

这回欧战完了，我们可曾作梦，说什么人道、平和得了胜利，以后的世界或者不是强盗世界了，或者有点人的世界的采色了。谁知道这些名辞，都只是强盗政府的假招牌。我们且看巴黎会议所议决的事，那一件有一丝一毫人道、正义、平和、光明的影子，那一件不是拿着弱小民族的自由、权利，作几大强盗国家的牺牲！

威尔逊！你不是反对秘密外交吗？为什么他们解决山东问题，还是根据某年月日的伦敦密约，还是根据某年月日的某某军阀间的秘密协定？须知这些东西都是将来扰乱世界平和的种子。象这样的平和会议，那有丝毫价值！你自己的主张计划如今全是大炮空声，全是昙花幻梦了。我实为你惭愧！我实为你悲伤！常向我们说和我们有同种同文的情谊的日本人啊！你们把这块山东土地拚命拿在手中究竟于你们民族的生活上有什么好处？添什么幸福？依我看来，也不过多养活几个丑业妇、无赖汉、玛啡客，在人类社会上多造些罪恶，作些冤孽，给日本民族多留些耻辱的痕迹罢了。这话并不是我太刻薄，试一翻日本的移民史，那一处不是这几色人先到？除去这几色人还有什么人？——那背包卖药的还是第一等的——在这等地方的商人、绅士、官吏、军人，也都渐渐丢失了他们的人性，只增长他那残暴、狡诈、嫉妒、贪淫的性质。结果更要巩固国内军阀财阀的势力，来压制一般人民，永远不能翻身。这又何苦呢？

我们历来对外的信条，总是“以夷制夷”；对内的信条，总是“依重特殊势力”。这都是根本的大错。不知道有几多耻辱、哀痛、失败、伤心的陈迹，在这两句话里包藏。而从他一方面，又把民族的弱点、惰性、狡诈、卑鄙，都从这两句话里暴露出来。这回青岛问题，发生在群“夷”相争，一“夷”得手的时候，当时我们若是不甘屈辱，和他反抗，就作了比利时，也不过一时受些苦痛有些牺牲，到了今日，或者能得点正义人道的援助。那时既低声下气，今日却希望旁人援手，要知这种没骨头没志气的人，就是正义人道昌明的时代，不能自助的人，也不能受人的帮助，况在强盗世界的里面，更应该受点罪孽。我们还在这里天天做梦，希望他人帮助。这种丧失自立性的耻辱，比丧失土地山河的耻辱，更要沉痛万倍！

人家都骂曹、章、陆这一般人为卖国贼，恨他们入骨髓，都说政府送掉山东，是我们莫大的耻辱，这抱侵略主义的日本人，是我们莫人的仇敌。我却以为世界上的事，不是那样简单的。这作恶的人，不仅是曹、章、陆一班人，现在的世界仍然是强盗世界啊！日本人要我们的山东，政府答应送给他，都还不算我们顶大的耻辱。我们还是没有自立性，没有自觉的胆子，仍然希望共同管理，在那“以夷制夷”四个大字下讨一种偷安苟且的生活，这真是民族的莫大耻辱啊！日本所以还能拿他那侵略主义在世界上横行的原故，全因为现在的世界，还是强盗世界。那么不止夺取山东的是我们的仇敌，这强盗世界中的一切强盗团体、秘密外交这一类的一切强盗行为，都是我们的仇敌啊！我们若是没有民族自决、世界改造的精神，把这强盗世界推翻，单是打死几个人，开几个公民大会，也还是没有效果。我们的三大信誓是：

改造强盗世界，

不认秘密外交，

实行民族自决。

1919年5月18日

“每周评论”第22号

署名：常

危险思想与言论自由

思想本身没有丝毫危险的性质，只有愚暗与虚伪是顶危险的东西，只有禁止思想是顶危险的行为。

近来——自古已然——有许多人听见几个未曾听过、未能了解的名辞，便大惊小怪起来，说是危险思想。问他们这些思想有什么危险，为什么危险，他们认为危险思想的到底是些什么东西，他们都不能说出。象这种的人，我们和他共同生活，真是危险万分。

听说日本有位议长，说俄国的布尔扎维克是实行托尔斯泰的学说，彼邦有识的人已经惊为奇谈。现在又出了一位明白公使，说我国人鼓吹爱国是无政府主义。他自己果然是这样愚暗无知，这更是可怜可笑的话。有人说他这话不过是利用我们政府的愚暗无知和恐怖的心理，故意来开玩笑。嗳呀！那更是我们莫大的耻辱！

原来恐怖和愚暗有密切的关系，青天白日，有眼的人在深池旁边走路，是一点也没有危险的。深池和走路的行为都不含着危险的性质。若是“盲人瞎马，夜半深池”那就危险万分，那就是最可恐怖的事情。可见危险和恐怖，都是愚昧造出来的，都是黑暗造出来的。

人生第一要求，就是光明与真实，只要得了光明与真实，什么东西什么境界都不危险。知识是引导人生到光明与真实境界的灯烛，愚暗是达到光明与真实境界的障碍，也就是人生发展的障碍。

思想自由与言论自由，都是为保障人生达于光明与真实的境界而设的。无论什么思想言论，只要能够容他的真实没有矫揉造作的尽量发露出来，都是于人生有益，绝无一点害处。

说某种主义学说是异端邪说的人，第一要知道他自己所排斥的主义、学说是什么东西，然后把这种主义、学说的真相，尽量传播，使人人都能认识他是异端邪说，大家自然不去信他，不至受他的害。若是自己未曾认清，只是强行禁止，就犯了泯没真实的罪恶。假使一种学说确与情理相合，我们硬要禁止他，不许公然传布，那是绝对无效，因为他的原素仍然在情理之中，情理不灭，这种学说也终不灭。假使一种学说确与情理相背，我以为不可禁止，不必禁止，因为大背情理的学说，正应该让大家知道，大家才不去信。若是把他隐蔽起来，很有容易被人误信的危险。

禁止人研究一种学说的，犯了使人愚暗的罪恶。禁止人信仰一种学说的，犯了敌人虚伪的罪恶。此间本来没有“天经地义”与“异端邪说”这样东西。就说是有，也要听人去自由知识，自由信仰。就是错知识了错信仰了所谓邪说异端，只要他的知识与信仰，是本于他思想的自由、知念的真实，一则得了自信，二则免了欺人，都是有益于人生的，都比那无知的排斥、自欺的顺从还好得多。

禁止思想是绝对不可能的，因为思想有超越一切的力量。监狱、刑罚、苦痛、穷困，乃全死杀，思想都能自由去思想他们，超越他们。这些东西，都不能钳制思想，束缚思想，禁止思想。这些东西，在思想中全没有一点价值，没有一点权威。

思想是绝对的自由，是不能禁止的自由，禁止思想自由的，断断没有一点的效果。你要禁止他，他的力量便跟着你的禁止越发强大。你怎样禁止他、制抑他、绝灭他、摧残他，他便怎样生存、发展、传播、滋荣，因为思想的性质力量，本来如此。

1919年6月1日

“每周评论”第24号

署名：常

阶级竞争与互助

Ruskin 说过:“竞争的法则,常是死亡的法则。协合的法则,常是生存法则。” William Morris 也说:“有友谊是天堂,没有友谊是地狱”。这都是互助的理想。

一切形式的社会主义的根萌,都纯粹是伦理的。协合与友谊,就是人类社会生活的普遍法则。

我们要晓得人间社会的生活,永远受这个普遍法则的支配,就可以发见出来社会主义者共同一致认定的基础,何时何处,都有他潜在。不论他是梦想的,或是科学的,都随着他的知识与能力,把他的概念建立在这个基础上。

这基础就是协合、友谊、互助、博爱的精神。就是把家族的精神推及于四海,推及于人类全体的生活的精神。

我们试一翻 Kropotkin 的“互助论”(Mutual Aid),必可晓得“由人类以至禽兽都有他的生存权,依协合与友谊的精神构成社会本身的法则”的道理。我们在生物学上寻出来许多证据。自虫鸟牲畜乃至人类,都是依互助而进化的,不是依战争而进化的。由此可以看出人类的进化,是由个人主义向协合与平等的方面走的一个长路程。

人类应该相爱互助，可能依互助而生存，而进化；不可依战争而生存，不能依战争而进化。这是我们确信不疑的道理。依人类最高的努力，从物心两方面改造世界，改造人类，必能创造出来一个互助生存的世界。我信这是必然的事实。

与这“互助论”仿佛相反的，还有那“阶级竞争（Class Struggle）说”。

这个阶级竞争说，是 Karl Marx 倡的，和他那经济的历史观很有关系。他说人类的生产方法随着生产力的发展而变化，人类的社会关系又随着人类生产方法的变化而变化，人类的精神的文化更随着人类的社会关系的变化而变化。社会组织固然可以说是随着生产力的变动而变动，但是社会组织的改造，必须假手于其社会内的多数人。而为改造运动的基础势力，又必发源于在现在的社会组织下立于不利地位的阶级。那些居于有利地位的阶级，除去少数有志的人，必都反对改造。一阶级运动改造，一阶级反对改造，遂以造成阶级竞争的形势。他在“共产宣言”里说过：“所有从来的历史，都是阶级竞争的历史。”又说：“从来社会的历史都在阶级对立中进行。”他的意思就是说自太古土地共有制崩坏以来，凡过去的历史，社会的经济构造，都建设在阶级对立之上。所谓阶级，就是指经济上利害相反的阶级。具体讲出来，地主、资本家是有生产手段的阶级，工人、农夫是没有生产手段的阶级。在原始社会，经济上的技术不很发达，一个人的劳动，只能自给，并无余裕，所以不发生阶级。后来技术日精，经济上发展日进，一人的劳动渐有余裕。这个余裕，就是剩余劳工。剩余劳工，渐次增加，持有生产手段的起来乘机夺取，遂造成阶级对立的社会。到了生产力非常发展的时候，与现存的社会组织不相应，最后的阶级争斗，就成了改造社会消泯阶级的最后手段。

有许多人听见这阶级竞争说，很觉可怕，以为人类的生活，若是常此争夺强掠残杀，必没有光明的希望，拿着阶级竞争作改造社会的手段，结果怕造不出光明社会来，所以对于此说，很抱疑虑。

但是 Marx 明明的说："所有从来的历史，都是阶级竞争的历史。"又说："资本家的生产关系，是社会的生产方法采敌对形态者的最后。"又说："人类历史的前史，以今日的社会组织终。"可见他并不是承认人类的全历史，通过去未来都是阶级竞争的历史。他的阶级竞争说，不过是把他的经济史观应用于人类历史的前史一段，不是通用于人类历史的全体。他是确信人类真历史的第一页当与互助的经济组织同时肇启。他是确信继人类历史的前史，应该辟一个真历史的新纪元。

现在的世界，黑暗到了极点。我们为继续人类的历史，当然要起一个大变化。这个大变化，就是诺亚以后的大洪水，把从前阶级竞争的世界洗得干干净净，洗出一个崭新光明的互助的世界来。这最后的阶级竞争，是阶级社会自灭的途辙，必须经过的，必不能避免的。

在那人类历史的前史时代，互助的精神并未灭绝，但因有与互助相反的社会组织，他在世间，逐不断的被毁。人类的真历史开始以后，那自私自利的恶萌，也不敢说就全然灭尽。但是互助的社会组织既然实现，那互助精神的火光，可以烧他，使他不能发生。

这最后的阶级竞争，是改造社会组织的手段。这互助的原理是改造人类精神的信条。我们主张物心两面的改造，灵肉一致的改造。

总结一句话：我信人类不是争斗着掠夺着生活的，总应该是互助着友爱着生活的。阶级的竞争，快要息了。互助的光明，快要现了。我们可以觉悟了。

1919年7月6日

“每周评论”第29号

署名：守常

“少年中国”的“少年运动”

我们的理想，是在创造一个“少年中国”。

“少年中国”能不能创造成立，全看我们的“少年运动”如何。

我们“少年中国”的理想，不是死板的模型，是自由的创造；不是铸定的偶象，是活动的生活。我想我们“少年中国”的少年，人人理想中必定都有一个他自己所欲创造而且正在创造的“少年中国”。你理想中的“少年中国”，和我理想中的“少年中国”不必相同；我理想中的“少年中国”，又和他理想中的“少年中国”未必一致。可是我们的同志，我们的朋友，毕竟都在携手同行，沿着那一线清新的曙光，向光明方面走。那光明里一定有我们的“少年中国”在。我们各个不同的“少年中国”的理想，一定都集中在那光明里成一个结晶，那就是我们共同创造的“少年中国”。仿佛象一部洁白未曾写过的历史空页，我们大家你写一页，我写一页，才完成了这一部“少年中国”史。

我现在只说我自己理想中的“少年中国”。

我所理想的“少年中国”，是由物质和精神两面改造而成的

“少年中国”，是灵肉一致的“少年中国”。

为创造我们理想的“少年中国”，我很希望这一班与我们理想相同的少年好友，大家都把自己的少年精神拿出来，努力去作我们的“少年运动”。我们“少年运动”的第一步，就是要作两种的文化运动：一个是精神改造的运动，一个是物质改造的运动。

精神改造的运动，就是本着人道主义的精神，宣传“互助”、“博爱”的道理，改造现代堕落的人心，使人人都把“人”的面目拿出来对他的同胞；把那占据的冲动，变为创造的冲动；把那残杀的生活，变为友爱的生活；把那侵夺的习惯，变为同劳的习惯；把那私营的心理，变为公善的心理。这个精神的改造，实在是要与物质的改造一致进行，而在物质的改造开始的时期，更是要紧。因为人类在马克思所谓“前史”的期间，习染恶性很深，物质的改造虽然成功，人心内部的恶，若不划除净尽，他在新社会新生活里依然还要复萌，这改造的社会组织，终于受他的害，保持不住。

物质改造的运动，就是本着勤工主义的精神，创造一种“劳工神圣”的组织，改造现代游惰本位、掠夺主义的经济制度，把那劳工的生活，从这种制度下解放出来，使人人都须作工，作工的人都能吃饭。因为经济组织没有改变，精神的改造很难成功。在从前的经济组织里，何尝没有人讲过“博爱”、“互助”的道理，不过这表面构造（就是一切文化的构造）的力量，到底比不上基础构造（就是经济构造）的力量大。你只管讲你的道理，他时时从根本上破坏你的道理，使他永远不能实现。

“少年中国”的少年好友呵！我们的一生生涯，是向“少年中国”进行的一条长路程。我们为达到这条路程的终点，应该把这两种文化运动，当作车的两轮，鸟的双翼，用全生涯的努力鼓舞着向前进行，向前飞跃。

“少年中国”的少年好友呵！我们要作这两种文化运动，不该常常漂泊在这都市上，在工作社会以外作一种文化的游民；应该投身到到林里村落里玄，在那绿野烟雨中，一锄一犁的作那些辛苦劳农的伴侣。吸烟休息的时间，田间篱下的场所，都有我们开发他们，慰安他们的机会。须知“劳工神圣”的话，断断不配那一点不作手足劳动的人讲的；那不劳而食的知识阶级，应该与那些资本家一样受排斥的。中国今日的情形，都市和村落完全打成两橛，几乎是两个世界一样。都市上所发生的问题，所传播的文化，村落里的人，毫不发生一点关系；村落里的生活，都市上的人，大概也是漠不关心，或者全不知道他是什么状况。这全是交通阻塞的缘故。交通阻塞的意义，有两个解释；一是物质的交通阻塞，用邮电舟车可以救济的；一是文化的交通阻塞，非用一种文化的交通机关不能救济的。在文化较高的国家，一般劳农容受文化的质量多，只要物质的交通没有阻塞，出版物可以传递，文化的传播，就能达到这个地方；而在文化较低的国家，全仗自觉少年的宣传运动，在这个地方，文化的交通机关，就是在山林里村落里与那些劳农共同劳动自觉的少年，只要山林里村落里有了我们的足迹，那精神改造的种子，因为得了洁美的自然，深厚的土壤，自然可以发育起来。那些天天和自然界相接的农民，自然都成了人道主义的信徒。不但在共同劳作的生活里可以感化传播于无形，就是在都市上产生的文化利器，——出版物类——也必随着少年的足迹，尽量输入到山林里村落里去。我们应该学那闲暇的时候就来都市里著书，农忙的时候就在田间工作的陶士泰先生，文化的客气才能与山林里村落里的树影炊烟联成一气，那些静沉沉的老村落才能变成活泼泼的新村落。新村落的大联合，就是我们的“少年中国”。

我们“少年中国”的少年好友啊！我们既然是二十世纪的少年，就该把眼光放的远些，不要受腐败家庭的束缚，不要受狭隘爱国心的拘牵。我们的新生活，小到完成我的个性，大到企图世界的幸福。我们的家庭范围，已经扩充到全世界了，其余都是进化轨道上的遗迹，都该打破。我们应该拿世界的生活作家庭的生活，我们应该承认爱人的运动比爱国的运动更重。我们的“少年中国”观，决不是要把中国这个国家，作少年的舞台，去在列国竞争场里争个胜负，乃是要把中国这个地域，当作世界的一部分，由我们居住这个地域的少年朋友们下手改造，以尽我们对于世界改造一部分的责任。我们“少年运动”的范围，决不止于中国；有时与其他亚细亚的少年握手，作亚细亚少年的共同运动；有时与世界的少年握手，作世界少年的共同运动，也都是我们“少年中国主义”分内的事。

总结几句话，就是：

我所希望的“少年中国”的“少年运动”，是物心两面改造的运动，是灵肉一致改造的运动，是打破知识阶级的运动，是加入劳工团体的运动，是以村落为基础建立小组织的运动，是以世界为家庭扩充大联合的运动。

少年中国的少年呵！少年中国的运动，就是世界改造的运动，少年中国的少年，都应该是世界的少年。

1919 年 9 月 15 日

“少年中国”第 1 卷第 3 期

署名：李大钊

圣人与皇帝

我总觉得中国的圣人与皇帝有些关系。洪宪皇帝出现以前，先有尊孔祭天的事；南海圣人与辫子大师同时来京，就发生皇帝回任的事。现在又有人拚命在圣人上作工夫，我很骇怕，我很替中华民国担忧！

1919 年 10 月 5 日

“新生活”第 7 期

署名：孤松

应考的遗传性

中国人有一种遗传性，就是应考的遗传性。什么运动，什么文学，什么制度，什么事业，都带着些应考的性质，就是迎合当时主考的意旨，说些不是发自本心的话。甚至把时代思潮、文化运动、社会心理，都看作主考一样。所说的话、作的文，都是揣模主考的一种墨卷，与他的实生活都不生关系。是甚么残酷的制度，把我的民族性弄成这样的不自然！

1919年10月26日

“新生活”第10期

署名：孤松

牺　牲

人生的目的，在发展自己的生命，可是也有为发展生命必须牺牲生命的时候。因为平凡的发展，有时不如壮烈的牺牲足以延长生命的音响和光华。绝美的风景，多在奇险的山川。绝壮的音乐，多是悲凉的韵讽。高尚的生活，常在壮烈的牺牲中。

1919 年 11 月 9 日

“新生活”第 12 期

署名：孤松

物质变动与道德变动

(一)

近几年来常常听关心世道人心的人，谈到道德问题。有的人说现在旧道德已竟破灭，新道德尚未建设，这个青黄不接人心荒乱的时候真正可忧。有的人说，别的东西或者有新旧，道德万没有新旧。又有人说，大战以后欧洲之所应为一面开新，一面必当复旧，物质上开新之局或急于复旧，而道德上复旧之必要必甚于开新。这些话都很可以启发我的研究兴味，我于是想用一番严密的思索去研究这道德问题。

我当研究道德问题的时候，发了几个疑问：第一问道德是甚么东西？第二问道德的内容是永久不变的，还是常常变化的？第三问道德有没有新旧？第四问道德与物质是怎样的关系？

以上诸问，都是从希腊哲学以来没有解决的问题，因为解决这个问题是一件很不容易的事情。但是道德心的存在却是极明了的事实，不能不承认的。我们遇见种种事体在我们心中自然而然发出一种有权威的声音，说这是善或是恶，我们只有从着这种声音的命令往善这一方面走，往光明一方面走，自然作出“爱他”、“牺牲”等等的行为。在这有权威的声音指挥之下，“忠信”、“正直”、“公平”诸种德性都能表现于我们身上。我们若是不听从他，我们受自己良心的责斥，我们自己若作了恶事，就是他人不知，我们也自觉悔悟，自感羞耻，全因为我们心中有道德心的要求，义务的要求。这自然发现、自有权威的点就是道德的特质。自然科学哪、法律哪、政治哪、宗教哪、哲学哪，都是学而后能知的东西，决不是自然有权威的东西。惟有道德，才是这样自然有权威的东西。

但是这道德心究竟是怎样发生出来的呢？有人归之于个人的经验；有人归之于教育；有人归之于习惯礼俗；有人归之于求快乐、求幸福的念望；又有人归之于精练的利己心，或对于他人的同情心。这些都不能说明人心中的声音——牺牲自己爱他人的行为。

道德这个东西，既是无论如何由人间现实的生活都不能说明，于是就有些人抛了地上的生活、人间的生活，逃入宗教的灵界，因为宗教是一个无知的隐遁地方。在超自然的地方，在人间现实生活以外的地方，求道德的根原，就是说，善心是神特地给人间的，恶心是由人间的肉欲生的，是由物质界生的，是由罪孽生的。本来善恶根原的不可解，就是宗教发生的一个原因。人类对于自然界，或人间现象不能理解的地方，便归之于神。道德心、善恶心的不可思议，也苦过很多的哲人。这些哲人也都觉得解释说明这不可思议的现象非借重神灵不可，所以柏拉图、康德之流都努力建设超自然的灵界。直到十九世纪后半，这最高道德的要求之本质才有了正确的说明。为此说明的两位学者就是达尔文与马克思。达尔文研究道德之动物的起原，马克思研究道德之历史的变迁。道德的种种问题至此遂得了一个解决的方法。

(二)

我们先用达尔文的“进化论”解答道德是什么的问题。

人类的道德心不是超自然的，也不是神赐的，乃是社会的本能。这社会的本能，也不是人类特有的，乃是动物界所同有的。有些人类以外的动物，虽依动物的种类，依其生活状态的差异，社会的本能也有种种的差异。但是他们因为生存竞争，与其环周的自然抗战，也都有他们社会的本能。占生物界一大群合的动物生存竞争、天然淘汰的结果，使他们诸种本能——若自发运动，若认识能力，若自己保存，若种族蕃殖，若母爱本能等等——日渐发达。社会的本能也和这些本能有同一的渊源，为同一的发展。而在有社会的共同生活的动物，象那一种的肉食兽、很多的草食兽、反嚼兽、猿猴等类，社会的本能尤其发达。人类也和上举诸兽相同，非为社会的共同生活，则不能立足于自然界。故人类之社会的本能也很发达。

社会的本能也有多种。有几种社会的本能确是社会生活存续的必要条件，没有这种本能，社会生活，无论如何，不能存续。这种本能，在不与人类一样为社会的结合便不能生活的动物种属间，也颇发达。这种本能果为何物呢？第一就是为社会全体，舍弃自己的牺牲心。若是群居的动物没有这种本能，各自顾各自的生活，不肯把社会全体放在自己以上，他的社会必受环周的自然力与外敌的压迫而归于灭亡。譬如一群水牛为虎所袭的时候，其中各个分子如没有为一群全体死战的决心，各自惜命纷纷逃散，那水牛的群合必归灭亡。故自己牺牲，在这种动物的群合，是第一不可缺的社会的本能。在人类社会也是如此。此外还有拥护共同利益的勇气，对于社会的忠诚，对于全体意志的服从，顾恤毁誉褒贬的名誉心，都是社会的本能，都曾发见于动物社会极高度的发达的也很多。这些社会的本能和那被称为至高无上灵妙不可思议的人类道德，全是一个东西。但是“公平”这一样道德在动物界恐怕没有。因为在动物的社会里，虽有天然生理上的不平等，却没有由社会的关系生出的不平等，从而没有要求社会的平等之必要，也没有公平这一样道德存在的理由。所以公平只是人类社会特有的道德。

这样看来，道德原来是动物界的产物。人类的道德，从人类还不过是一种群居的动物时代，就是还没有进化到现今的人类时代，既已存在。人类为抵抗他的环境，适应他的周围，维持他的生存，不能不靠着多数的协力，群合的互助，去征服自然。这协力互助的精神，这道德心，这社会的本能，是能够使人类进步的。而且随着人类的进步，他的内容也益益发达。

因为人类的道德心，从最古的人类生活时代，既是一种强烈之社会的本能，在人人心中发一种有权威的声音，到了如今我们的心中仍然有此声响，带着一种神秘的性质，不因外界何等的刺激，不因何等的利害关系，他能自然挟着权威发动出来。他那神秘的性质和性欲的神秘、母爱的神秘、牺牲心的神秘、乃至其他生物界一般的神秘是一样的东西，绝不是超自然的力，绝不是神的力。

正惟道德心是动物的本能，和自己保存种族蕃殖等本能有同一的根源，所以才有使我们毫不踌躇、立即听从的力量，所以我们遇见什么事情才能即时判断他的善恶邪正，所以我们才于我们的道德判断有强大的确信力，所以探求他的活动的理法，分解他，说明他，愈颇困难。

明白了这个道德，“义务”是什么，“良心”是什么，也都可以明白了。所谓义务，所谓良心，毕竟是社会的本能的呼声。然“自己保存”的本能、“种族蕃殖”的本能也有与比呼声同时发生的时候。在这个时候，这二种本能常常反抗社会的本能，结果这二种本能或得相当的满足，可是这不过是暂时的现象，不久归于镇静，社会的本能发出更强的声音，就是愧悔的一念。有人以良心为对于共同生活伴侣间的恐怖——就是对于同类所与的摈斥或刑罚的恐怖——之声音。但是大错了。良心之起，于对他人全不知觉的事也起，对于四围的人都夸奖赞叹的事也起，甚至对于因为对于同类及同类间的舆论的恐怖而作的行为也起。可见良心的威力全系自发的，非因被动的。至于舆论的褒贬固然也是确与人的行为以很大影响的要素，然舆论所以能有影响的原故，全因为豫先有一种名誉心的社会的本能存在。舆论怎样督责，假使没有注意褒贬的名誉心的社会的本能，当不能有什么影响。舆论作出社会的本能的事，是作不到的。

依了这样说明，我们可以晓得道德这个东西不是超自然的东西，不是超物质以上的东西，不是凭空从天上掉下来的东西。他的本原不在天神的宠赐，也不在圣贤的经传，实在我们人间的动物的地上的生活之中。他的基础就是自然，就是物质，就是生活的要求。简单一句话，道德就是适应社会生活的要求之社会的本能。

(三)

达尔文的理论可以把道德的本质阐发明白了。可是道德何以因时因地而生种种变动?以何缘故社会的本能之活动发生种种差别?说明这个道理,我们要用马克思一派的唯物史观了。

马克思一派唯物史观的要旨,就是说:人类社会一切精神的构造都是表层构造,只有物质的经济的构造是这些表层构造的基础构造。在物理上物质的分量和性质虽无增减变动,而在经济上物质的结合和位置则常常变动。物质既常有变动,精神的构造也就随着变动。所以思想、主义、哲学、宗教、道德、法制等等不能限制经济变化物质变化,而物质和经济可以决定思想、主义、哲学、宗教、道德、法制等等。

我们先说宗教与哲学。一切宗教没有不受生产技术进步的左右的,没有不随着他变迁的。上古时代,人类的生产技术还未能征服自然力,自然几乎完全支配人类,人类劳作的器具,只是取存于自然界的物质原形而利用之,还没有自制器具的知识和能力。那时的人类只是崇拜自然力,太阳、天、电光、火、山川、草木、动物等,人类都看作最重要的物件,故崇拜之为神灵。拜火拜物诸教均发生于此时。直到现在,蛮人社会还是如此。纽基尼亚人奉一种长食的椰子为神,认自己的种族是从椰子生下来的,就是一个显例。

后来生产技术稍稍进步,农业渐起,军人宗祝这一类的人渐握权力,从前受制于自然,现在受制于地位较高的人类了。因为这时的社会已经分出治者与被治者阶级,这时的宗教又生一大变化。从前是崇拜自然物的原形,现在是把自然物当作一个有力的人去崇拜他了。在希腊何美尔（Homer）的诗中所表现的神，都是男女有力的君长，都是智勇美爱的代身。因为生产技术与人以权力的结果，自然神就化为伟大的人了。后来希腊人的生产技术益有进步，商工勃兴，智勇美爱肉体的属性又失了重大的位置，有神变不可思议的万能力的乃在精神。因为在商业竞争的社会里，人类的精神是最重大的要素，计算数量的也是他，创作新发明的也是他，营谋利益的也是他，精神实是那时商业社会人类生活的中心。故当时哲家若梭格拉的，若柏拉图都说自然界久已不足引我们的注意了。引我们注意的只是思想上及精神上的现象。这种变迁明明白白是生产技术进步的结果。但是人类精神里有很多奇妙不可思议的现象，就象道德心是什么东西，善恶的观念是从何发生，柏拉图诸哲家也不能解释。由自然界的知识与经验不能说明，结局仍是归之于神，归之于天界。故当时多数人仍把道德的精神认作神，认他有超自然的渊源。

各国分立，经济上政治上全不统一的时代——就是各国还未组成一个大商业社会的时代，——尚有多神及自然神存在的余地。自希腊之世界的商业发达以来，罗马竟在地中海沿岸的全部建一商业的世界帝国。这种经济上的变动反映到当时思想上，遂以唯一精神的神说明当时的全世界及存于其中的疑问，使所有的自然神全归于消灭。驱逐这些自然神的固然是柏拉图及士多亚派哲学上的一神论，而一神论的背景，毕竟是当时罗马的具有绝大威力的生产技术，罗马的商业交通，罗马的商业大社会。

到了罗马帝政时代，大经济组织、大商业社会正要崩坏的时候，恰有一种适合当时社会关系的一神教进来，就是耶稣教了。耶稣教把希腊原来的一神论吸收进去，把所有的势力归于一个精神，归于一个神。

罗马商业的大社会崩坏之后，从前各个分立的自然经济又复出现。中世纪的经济组织次第发展，耶稣教也不能保持他的本来面目，他的内容自然发生了变动。中世纪的社会是分有土地的封建制度、领土制度的社会，社会的阶级象梯子段一样，一层一层的互相隶属，最高的是皇帝，皇帝之下有王公，王公之下有诸侯，诸侯之下有小领主，百姓农奴被践踏在地底。教会本来是共产的组合，到了此时这种阶级的经济组织又反映到教会的组织，渐次发达，也成了个掠夺组织、阶级组织。最高的是教皇，教皇之下有大僧正、僧正等，僧正之下有高僧，由高僧至普通僧民的中间还有种种僧官的阶级。百姓农奴伏在地底，又多受一层践踏。这种阶级的经济组织又反映到耶教的实质，天上也不是一个神住着了。最高的是神，神之下有神子，有精灵，其下更有种种的天使，堕落的天使，又有恶魔。神的一族，恰和皇帝教皇及其隶属相照应，人在诸神之下，恰和百姓居社会之最下层相照应。人类的精神把地上的实物写映于天上，没有比这个例子再明白的了。

后来都市渐渐发达，宗教上又生一变化。意大利、南德意志、法兰西、英吉利、荷兰诸国都市上的居民，因其工商业的关系，渐立于有权力的地位，对于贵族、僧侣有了自由独立的位置。随着他们对于社会的观念的变动，对于宇宙的观念也变了。于是要求一种新宗教。他们既在经济上不认自己以上的势力，又在政治上作了独立的市民、独立的资本家、独立的商人，立于自由的地位，他们觉着自己与宇宙的中间，自己与神的中间，也不须有中间人介绍人存在了。所以他们蔑视教皇，蔑视僧官，自己作自己的牧师，直接与神相见，这就是路德及加尔文所倡的新教。这样看来，宗教革新的运动全是近世资本家阶级自觉其经济的实力的结果。资本家是个人的反映出来的，所以新宗教也是个人的。

美洲及印度发见以后，资本主义的制度愈颇强大，工商贸易愈颇发达，人与人的关系几乎没有了，几乎全是物品与物品的关系了。一切物品于其各个实质的使用价值以外，又有一般共通抽象的交换价值。所以这时的人也互认为抽象的东西。因而所信的神也变成一个抽象的概念了。又因资本主义制度发达之下，贫困日见增加，在这种惨烈的竞争场里，社会现象迷乱复杂的程度有加无已，人若想求慰安与幸福，除了内观、冥想、灵化而外，殆不可能。而资本家的个人的表象照映于精神界就成了一个绝大的孤立的神。十七世纪的哲学家，若笛卡儿、斯宾挪撒等都认神是有绝大精神的绝大体，能自动自考，就是这个原故。又因生产技术的进步，资本主义制度的发达对于自然界的知识骤见增大，十七世纪间自然现象的不可解大概已渐消灭，但于精神科学尚未能加以解释。这时的宗教渐渐离开自然界和物质，神遂全为离于现实界的不可思议的灵体。基督教贱肉的思想，与夫精神劳动与手足劳动分业的结果，也加了许多的势子。这时的哲家，若康德，则说时间的空间的事物是单纯的现象，没有真实的存在；若菲西的，则只认精神的主观就是我的。实在都是受了当时物质界经济界的影响，才有这种学说。就是因为当时的资本主义制度使每个人都成孤立，都成灵化，反映到宗教哲学上去，也就成一种孤立的抽象的精神。

蒸汽机发明以后，生产力益加增大，交通机关及生产技术益加发达，对于自然的研究益有进步。自然现象的法则渐为人智所获得，超自然的存在一类神秘的事遂消灭于自然界。同时人类社会的实质也因交通机关生产技术发达的结果，乃有有史以前、有史以后的种种研究，或深入地底，研究地层地质；或远探蛮荒，研究原始社会的状况。又得了种种搜集历史统计材料的方法，而由挟着暴力的生产过程而生的社会问题，更促人竭力研究人类社会的实质。以是原因，自然现象、人类社会都脱去神秘的暗云，赤裸裸的立在科学知识之上，见了光明。以美育代宗教的学说，他就发生于现代了。

资本阶级固然脱出神秘宗教的范围了，就是劳工阶级也是如此。因为他们天天在工厂作工，天天役使自然，利用自然，所以他们也了解自然了。自然现象于他们也没有什么神秘不可解的权威了。至于人类社会的实质，他们也都了解，他们知道现在资本主义制度是使他们贫困的唯一原因，知道现在的法律是阶级的法律，政治是阶级的政治，社会是阶级的社会。他们对于社会实质的了解，恐怕比绅士阀的学者还要彻底，还要明白。太阳出来了，没有打着灯笼走路的人了。

以上所论，可以证明宗教、哲学都是随着物质变动而变动的。

(四)

再看风俗与习惯。社会上风俗习惯的演成，也与那个社会那个时代的物质与经济有密切的关系。例如老人和妇女在社会上的地位，也因时因地而异，这也是因为经济的关系。在狩猎时代，食物常告缺乏，当时的人总是由此处到彼处的迁徙流转，老人在这社会里很是一种社会的累赘，所以常常被弃被杀被食。如今的蛮人社会也常常见此风俗。日本古代有老舍山的话，相传是当时舍弃老人的地方。中央亚非利加的土人将与他部落开战的时候，必先食其亲，因为怕战事一经开始，老人很容易为敌人所捕获，或遭虐待，或被虐杀，所以老人反以为自己的儿子所食为福，儿了亦以食其亲为孝。马来群岛的布尔聂伊附近，某岛中人遇着达于一定年龄的老人必穷追他，使他爬上大木，部落的青年群集木下摇之使他落下，活活跌死。耶士魁牟的女子亦以把他比邻罹病垂危的老太婆带到投弃老人的地方，由崖上把他推下，为爱他比邻、怜他比邻的行为。到了畜牧时代、农业时代，衣食的资料渐渐富裕，敬老的事渐视为重要。而以种种经验与知识渐为社会所需要，当时还没有文字的发明，老人就是知识经验的宝库，遂为社会所宝重。近来生产技术进步的结果，一切事象日新月异，古代传说反足以阻碍进步，社会之尊重老人遂又与前大不相同。不专因为他的衰老就尊重他，乃因为他能终其生涯和少年一样奋斗，为社会作出了许多生产的事业、创造的功绩。因为他不但不拿他的旧知识妨害进步，并且能够吸入新思潮，才尊重他。妇女在社会上的地位随着经济状况变动，也和老人一样。在游猎时代，狩猎与战争是男子的专门事业，当时的妇女虽未必不及男子骁勇，而因负怀孕哺乳育儿的重大责任，此类事体终非妇女所宜，遂渐渐止于一定的处所，在附近居处的田地里作些耕作，在家内作些烧煮的事情。因为狩猎的效果不能一定，而农作比较着有一定效果，且甚安全，所以当时妇女的地位比男子高，势力比男子大。后来牧畜与农业渐渐专归男子去作，妇女只作烧煮裁缝的事情，妇女的地位就渐渐低下。到了现代的工业时代，一方面因为资本主义发达的结果，家内手工渐渐不能支持，大规模的制成许多无产阶级，男子没有力量养恤妇女，只得从家庭里把他们解放出来，听他们自由活动，自己谋生。一方因为生产技术进步的结果，为妇女添出了许多与他们相宜的职业，妇女的地位又渐渐的提高了。这回欧洲大战（一九一四年的大战），许多的壮丁都跑到战场打仗，所有从前男子独占的职业，一时不得不让给女子，不得不仰赖女子，他们于是从家庭里跳出来，或入工厂工作，或当警察，或作电车司机人，或在军队里作后方勤动，都有很好的成绩。但是这回大战停了，战场上的兵士归来，产业雕敝没有工作，从前的职业又多为女子所占领，男工女工的中间现在已起了争议。不过以我的窥测，这个争议第一步可以促女工自己团结，第二步可以促男女两界的无产阶级联合，为阶级战争加一层势力，结果是女子在社会上必占与男子平等的地位。颇闻从法国回来的人说，战后的法国社会道德日趋堕落，男子游惰而好小利，女子好奢侈而多卖淫。忧时之士至为深抱杞忧，说欧洲有道德复旧的必要。但我以为此不必忧，这种现象全是因战争而起的物质变动的结果。欧洲这回大战，男丁战死于战场的不知有几千百万，社会上骤呈女子过庶的现象，女子过庶的结果，结婚难，离婚及私生子增多，卖淫及花柳病流行。物质上有人口的变动，而精神上还没认作道德的要求，（如法国女子与华工结婚还为法政府及社会所不喜，就是一例。）社会上才有这种悲惨的现象。在这个时期必要发生一种新道德，适应社会的要求，使物质的要求向上而为道德的要求。至于男子的游惰好小利，女子的奢侈，也是物质变动的结果。男子在战争时期中，精神上物质上都经了很多的困乏，加以生活难、工作难的影响，精神上自然要发生变动。游惰哪，好小利哪，都是因为这个原故。将来物质若是丰裕，经济组织若有相当的改造，精神上不会发现这种卑苦的现象。女子骤然得到工作的，自然要比从前奢侈些，也是当然的现象。固然战后的人口增加，或者加猛加速，女子过庶的不平均，或者可以调剂许多，而经济的组织生产的方法则已大有改动。故就物质论，只有开新，断无复旧；就道德与物质的关系论，只有适应，断无背驰。道德是精神现象的一种，精神现象是物质的反映，物质既不复旧，道德断无单独复旧的道理，物质既须急于开新，道德亦必跟着开新，因为物质与精神是一体的，因为道德的要求是适应物质上社会的要求而成的。耶士魁牟的女子本性上不能多产多生，所以他们的风俗就不以未婚的妇人产生及怀孕的处女为耻辱，所以在他们的社会多生多产的德比贞操的德重。女子贞操问题也是随着物质变动而为变动。在男子狩猎女子耕作的时期，女子的地位高于男子，女子生理上性欲的要求强于男子，所以贞操问题绝不发生，而且有一妻多夫的风俗。到了牧畜、农业为男子独占职业的时期，女子的地位低降下去，女子靠着男子生活，男子就由弱者地位转到强者地位，女子的贞操问题从而发生，且是绝对的、强制的、片面的。又因农业经济需要人口，一夫多妻之风盛行。到了工业时期，人口愈增，人类的欲望愈颇复杂，虽因生产技术的进步，生产的数量增加，而资本主义的产业组织分配的方法极不平均，造成了很多的无产阶级。贫困迫人日益加甚，女子非出来工作不可。男子若不解放女子，使他们出来在社会上和男子一样工作，就不能养赡他们。女子的贞操，就由绝对的变为相对的，由片面的变为双方的，由强制的变为自由的。从前重“从一而终”，现在可以离婚了；从前重守节殉死，现在夫死可以再嫁了。将来资本主义必然崩坏。崩坏之后，经济上生大变动，生产的方法由私据的变为公有的，分配的方法由独占的变为公平的，男女的关系也必日趋于自由平等的境界。只有人的关系，没有男女的界限。贞操的内容也必大有变动了。家族制度的变动也是如此。狩猎时代及劣等农作时代，因土地共有共同耕作的关系，氏族制度才能成立。后来人口渐增，氏族中的个人自进而开辟山林，垦治荒芜的人所在多有，因而对于个人辛苦经营的地面，不能不承认个人的私有。既经承认了个人的私有权，那些勤勉有为的人大都努力去开辟地面，私有的地面逐日增大，从前氏族制度的经济基础就从而动摇了。到了高等农作时代，因为私有制度的发达，农业经济的勃兴，父权家长制的大家族制度遂继氏族制度而兴起。后来生产技术进步的结果，由农业时代入了工商时代，分业及交通机关日见发达，经济上有了新变动，大家族制度遂渐就崩坏。这个时期就发生了一夫一妻制的小家族制度，以适应当时的经济状态。可是到了现代，机械工业、工厂工业又复压倒了手艺工业、徒弟工业，大产业组织的下边造成多数的无产阶级，生活日趋贫困，妇女亦不得不出来工作，加以义务教育，儿童公育等制度推行日广，亲子关系日趋薄弱，这种小家庭制度，也离崩坏的运命不远了。

由此类推，可见风俗习惯的变动，也是随着经济情形的变动为转移的。

(五)

再看政策与主义。一切的政策，一切的主义，都在物质上经济上有他的根源。Louis Boudin 氏在他的“社会主义与战争”里说了许多很精透的道理，我们可以借来说明一种政策或主义与物质经济的关系。他说资本主义发达的历史，可以分作三个时期：第一是少年时期，是奋进的时代，富有好战的气质。第二时期，是成年时期，是全盛的时代，专务为内部的整领，气质渐化为平和。第三是衰老时期，是崩颓的时代，急转直下，如丸滚坡，气质又变为性急好战的状态。这种变动，在英国历史上最易看出。

由耶利撒别士即位到七年战争，二百年间，英国确是一个好战的国，东冲西突，转战不休。因为当时英国的资本主义方在少年时期，经了二百年间的苦战，才立下了世界第一商工业国的基础。七年战争以后，英国的资本主义已经确立，遂顿归平和。拿坡仑战争全是别的原因，不是英国的资本主义惹起来的。直到这次大战以前，英国的资本阶级总是爱重平和，世界上帝国主义的魁雄不在英而转在德。美国独立所以成功，不全是因为美洲独立军的勇武，华盛顿的天才，英国不愿出很大的牺牲争此殖民地，也是一个重大的原因。固然英国也未尝不欲得此土地，但因此起大战争，他们以为很不值得。当时英国政家巴客大声疾呼，主张美国民有独立的权利。表面的言辞说来很是好听，骨子里面也不过是亚丹斯密氏殖民政策的应用罢了。亚丹斯密氏主张母国与殖民地之间，若行排他的贸易，不但于殖民地及世界一般有害，即于母国亦大不利。故母国应使其殖民地自由平等，与世界通商。美国所以能够独立的原故，毕竟是因为正值英国持平和政策的时期。以后英国在南非又承认波亚人组织的二共和国，也是这个原故。过了十五年，波亚人又与英国开战，二共和国就全为英国所压服了。那时英国的态度全然一变。最初波亚人与英国开战时候，英国正是正统经济学的国，自由贸易的国，满切士特（Manchester）学派的国，亚丹斯密氏殖民政策的国，新帝国主义的波浪还未打将进来。到了第二战争，英国已经不是从前的英国了，是新帝国主义的英国，是张伯伦氏新殖民政策的英国了。使英国的主义政策起这样变化的经济关系的，实质是什么呢？简单说，就是从前的时代是织物时代，现在的时代是钢铁时代了。英国的工业当初最盛者首推织物，织物实占近世产业的主要部分。英国织物产业的中心，却在满切士特，满切士特的织物产业为世界产业的焦点，亚丹斯密氏的自由贸易主义，就以满切士特为根据，成了满切士特学派。郭伯敦之蹶起反对谷物条例，反对保护税，在自由平和一些美名之下，为新兴的商工阶级奋斗，也是因为这个原故。

当时的英国既以织物类的生产为主要的产业，其销路殆遍于全世界，以握海上霸权、工业设备极其完密的英国，自无用兵力扩张的必要。且以低廉的价格出卖精良的货物，也是很容易的事情。所以自由贸易主义、平和主义、殖民地无用论，都发生在这个时代。以后各半开化国及各殖民地工业渐能独立，象织物类的单纯工业不须仰给于英国，英国要想供给他们，必须另行创制益加精巧的工业。恰好各后进国工业新兴，很需要机械一类的东西，于是英国的产业就由纺纱时代入了钢铁时代了。英国销行世界的产物，就由织物类变为机械类了。英国的产业中心，就由满切士特移到泊明港了。泊明港是钢铁的产地，张伯伦是生于泊明港的人，所以张伯伦代表泊明港的钢铁，代表英国钢铁产业时代物质上的要求、经济上的要求，主张一种的新殖民政策、新帝国主义。张伯伦初次入阁的时候，自己要作殖民总长，大家都很以为奇怪，因为从前的殖民部是一个闲部，张伯伦是一代政雄，何以选这闲部？那里知道当时的殖民部已经应经济的变化，发生重大意义了。但是机械的贩卖，与织物类的贩卖不同，贩卖织物类只须借传教士的力量，使那半开化国和殖民地的人民接洽文明生活的趣味，就能奏功，而贩卖机械，则非和他的政府官厅与资产阶级交涉不可。那么政治的、外交的、军事的策略，就很要紧了。以是因缘，自由贸易的祖国也变为保护政策的产张，平和主义的国家也着了帝国主义的彩色。

德国的产业进步比英国稍晚。英国正当成年时期，德国方在少年时期，好战的气质极盛，还没有到平和时期，又正逢着第二次的好战时期。最近十年内英德两国的产铁额大有变动。当初德国的产业仅当英国的什一，到大战以前，德国的产额已经超过英国了。观此可以知道德国为世界帝国主义的魁雄的原因，也就可以知道这回大战的原因了。

综观以上三个时期：第一时期是使当时新兴商工阶级打破封建制度束缚的物质的要求，向上而为国民文化主义；第二时期是使当时织物贩卖的物质的要求向上，而为自由主义、世界的人道主义；第三时期是使机械贩卖的物质的要求向上而为帝国主义。有了那种物质的要求，才有那种精神的道德的要求。

(六)

总结本篇的论旨，我们得了几个纲领，写在下面：一、道德是有动物的基础之社会的本能，与自己保存、种族繁殖、性欲母爱种种本能是一样的东西。这种本能是随着那种动物的生活的状态、生活的要求有所差异，断断不是什么神明的赏赐物。人类正不必以万物之灵自高，亦不必以有道德心自夸。二、道德既是社会的本能，那就适应生活的变动，随着社会的需要，因时因地而有变动，一代圣贤的经训格言，断断不是万世不变的法则。什么圣道，什么王法，什么纲常，什么名教，都可以随着生活的变动、社会的要求，而有所变革，且是必然的变革。因为生活状态，社会要求既经变动，人类社会的本能自然也要变动。拿陈死人的经训抗拒活人类之社会的本能，是绝对不可能的事。三、道德既是因时因地而常有变动，那么道德就也有新旧的问题发生。适应从前的生活和社会而发生的道德，到了那种生活和社会有了变动的时候，自然失了他的运命和价值，那就成了旧道德了。这新发生的新生活新社会必然要求一种适应他的新道德出来，新道德的发生就是社会的本能的变化，断断不能遏抑的。四、新道德既是随着生活的状态和社会的要求发生的，就是随着物质的变动而有变动的，那么物质若是开新，道德亦必跟着开新，物质若是复旧，道德亦必跟着复旧。因为物质与精神原是一体，断无自相矛盾、自相背驰的道理。可是宇宙进化的大路，只是一个健行不息的长流，只有前进，没有反顾；只有开新，没有复旧；有时旧的毁灭，新的再兴。这只是重生，只是再造，也断断不能说是复旧。物质上，道德上，均没有复旧的道理！

这次的世界大战，是从前遗留下的一些不能适应现在新生活新社会的旧物的总崩颓。由今以后的新生活新社会，应是一种内容扩大的生活和社会——就是人类一体的生活，世界一家的社会。我们所要求的新道德，就是适应人类一体的生活，世界一家的社会之道德。从前家族主义、国家主义的道德，因为他是家族经济，国家经济时代发生的东西，断不能存在于世界经济时代的。今日不但应该废弃，并且必然废弃。我们今日所需要的道德，不是神的道德、宗教的道德、古典的道德、阶级的道德、私营的道德，占据的道德；乃是人的道德、美化的道德、实用的道德、大同的道德、互助的道德、创造的道德！

1919 年 12 月 1 日

“新潮”第 2 卷第 2 号

署名：李大钊

“中日亲善”

日本人的玛啡针和中国人的肉皮亲善，日本人的商品和中国人的金钱亲善，日本人的铁棍、手枪和中国人的头颅血肉亲善，日本的侵略主义和中国的土地亲善，日本的军舰和中国的福建亲善，这就叫“中日亲善”。

1919年12月7日

“新生活”第16期

署名：孤松

什么是新文学

现在大家都讲新文学，都作新文学了。我要问大家："什么是新文学?"

我的意思以为刚是用白话作的文章，算不得新文学；刚是介绍点新学说、新事实，叙述点新人物，罗列点新名辞，也算不得新文学。

我们所要求的新文学，是为社会写实的文学，不是为个人造名的文学；是以博爱心为基础的文学，不是以好名心为基础的文学；是为文学而创作的文学，不是为文学本身以外的什么东西而创作的文学。

现在的新文学作品中，合于我们这种要求的，固然也有，但是终占少数。一般最流行的文学中，实含有很多缺点。概括讲来，就是浅薄，没有真爱真美的质素。不过摭拾了几点新知新物，用白话文写出来，作者的心理中，还含着科举的、商贾的旧毒新毒，不知不觉的造出一种广告的文学。试把现在流行的新文学的大部分解剖来看，字里行间，映出许多恶劣心理的斑点，来托在新思潮、新文艺的里边。……刻薄、狂傲、狭隘、夸躁，种种气氛充塞满幅。长此相嘘以气，必致中干，种种运动，终于一空，适以为挑起反动的引子。此是今日文学界、思想界莫大的危机，吾辈应速为一大反省！

我们若愿园中花木长得美茂，必须有深厚的土壤培植他们。宏深的思想、学理，坚信的主义，优美的文艺，博爱的精神，就是新文学新运动的土壤、根基。在没有深厚美腴的土壤的地方培植的花木，偶然一现，虽是一阵热闹，外力一加摧凌，恐怕立萎！

1919年12月8日

“星期日”社会问题号

署名：守常

史　观

人类的历史，果何自始？曰，不知所自始。果何由终？曰，不知所由终。在此无始无终，奔驰前涌的历史长流中，乃有我，乃有我的生活，前途渺渺，后顾茫茫，苟不明察历史的性象，以知所趋向，则我之人生，将毫无意义，靡所适从，有如荒海穷洋，孤舟泛泊，而失所归依。故历史观者，实为人生的准据，欲得一正确的人生观，必先得一正确的历史观。

吾兹之所谓历史，非指过去的陈编而言。过去的陈编，汗牛充栋，于治史学者亦诚不失为丰富资考的资料，然绝非吾兹所谓活泼泼的有生命的历史。吾兹所云，乃与“社会”同质而异观的历史。同一吾人所托以生存的社会，纵以观之，则为历史，横以观之，则为社会。横观则收之于现在，纵观则放之于往古。此之历史，即是社会的时间的性象。一切史的知识，都依他为事实，一切史学的研究，都以他为对象，一切史的纪录，都为他所占领。他不是僵石，不是枯骨，不是故纸，不是陈编，乃是亘过去、现在、未来、永世生存的人类全生命。对于此种历史的解释或概念，即此之所谓历史观，亦可云为一种的社会观。

古昔的历史观，大抵宗于神道，归于天命，而带有宗教的气味。当时的哲人，都以为人类的运命实为神所命定。国社的治乱兴衰，人生的吉祥祸福，一遵神定的法则而行，天命而外，无所谓历史的法则。即偶有重视王者、圣人、英雄、豪杰而崇之以为具有旋乾转坤的伟力神德者，亦皆认他们为聪睿天亶，崧生岳降，仰托神灵的庇佑以临治斯民。故凡伟人的历史观、圣贤的历史观、王者的历史观、英雄的历史观、道德的历史观、教化的历史观，均与神权的历史观、天命的历史观，有密接相依的关系。后世科学日进，史学界亦渐放曙光。康德之流已既想望凯蒲拉儿（Kepler）、奈端（Newton）其人者诞生于史学界，而期其发见一种历史的法则，如引力法则者然。厥后名贤迭起，如孔道西，如桑西门，如韦柯，如孔德，如马克思，皆以努力以求历史法则之发见为己任而终能有成，跻后起的历史学、社会学于科学之列，竟造成学术界一大伟业。厥后德国“西南学派”虽崛起而为文化科学即历史学与自然科学对立的运动，亦终不能撼摇史学在科学的位置，这不能不归功于马克思诸子的伟业了。

自康德以还，名家巨子努力以求历史法则的发见者，既已实繁有徒，于是历史观亦衍类多端：有神权的历史观，有宗教的历史观，有道德的历史观，有教化的历史观，有圣人的历史观，有王者的历史观，有英雄的历史观，有知识的历史观，有政治的历史观，有经济的历史观，有生物的历史观，有地理的历史观。将此种种依四种的分类法括而纳之：曰，退落的或循环的历史观与进步的历史观；曰，个人的历史观与社会的历史观；曰，精神的历史观与物质的历史观；曰，神教的历史观与人生的历史观。前者以历史行程的价值的本位为准，后三者则以历史进展的动因为准。以历史行程的价值的本位为准者，或曰，社会的演展乃由昌盛而日趋衰落，或曰，社会的演展乃如循于一环，周而复始，或曰，社会的演展乃南野僿而日跻开明。以历史进展的动因为准者，则曰，史之进展必有动因。至于动因何在，则又言人人殊：或曰，在个人，如英雄、王者是；或曰，在社会，如知识、经济是；或曰，在精神，如圣神、德化、理念是；或曰，在物质，如地理、人种、经济是：或曰，在神权，如天命、神意是；或曰，在人生，如社会的生产方法，或社会的知识程度是。

历史观本身亦有其历史，其历史亦有一定的倾向。大体言之，由神权的历史观进而为人生的历史观，由精神的历史观进而为物质的历史观，由个人的历史观进而为社会的历史观，由退落的或循环的历史观进而为进步的历史观。神权的、精神的、个人的历史观，多带退落的或循环的历史观的倾向；而人生的、物质的、社会的历史观，则多带进步的历史观的倾向。神权的、精神的、个人的、退落的或循环的历史观可称为旧史观，而人生的、物质的、社会的、进步的历史观则可称为新史观。

实在的事实是一成不变的，而历史事实的知识则是随时变动的；纪录里的历史是印板的，解喻中的历史是生动的。历史观是史实的知识，是史实的解喻。所以历史观是随时变化的，是生动无已的，是含有进步性的。同一史实，一人的解释与他人的解释不同，一时代的解释与他时代的解释不同，甚至同一人也，对于同一史实的解释，昨日的见解与今日的见解不同。此无他，事实是死的，一成不变的，而解喻则是活的，与时俱化的。例如火的发明，衣裳的发明，农业及农器的发明，在原人时代，不知几经世代，经社会上的几多人，于有意无意中发见、应用的结果积累而成者。旧史观则归功于半神人的燧人氏、神农氏等。若由新史观以为解释，则必搜其迹寻其因于社会全体的进化，而断定此半神人为荒诞的虚构。又如孔子的生平事迹，旧史观则必置之于天纵的地位，必注意于西狩获麟一类的神话。若依新史观为他作传，则必把此类荒诞神话一概删除，而特注意于产生他的思想的社会背景。所以历史不怕重作，且必要重作。实在的事实，实在的人物，虽如滔滔逝水，只在历史长途中一淌过去，而历史的事实，历史的人物，则犹永永生动于吾人的脑际，而与史观以俱代。依据人生的史观重作的历史，补正了依据神权的史观作成的历史不少；依据社会的史观重作的历史，补正了依据个人的史观作成的历史不少；依据物质的史观重作的历史，补正了依据精神的史观作成的历史不少；依据进步的史观重作的历史，补正了依据退落的或循环的史观作成的历史不少。历史观的更新，恰如更上一层，以观环列的光景，所造愈高，所观愈广。以今所得，以视古人，往往窃笑其愚，以为如斯浅识都不能解。其实知识有限，如隔丛山，过后思之，以为易事，而在当时，则非其时之知识所能胜。譬如奈端，据以发明引力法则的苹果落地的事实，奈端之前，奈端之后，目睹苹果落地者，何止千百万人，而皆莫喻引力之理，今从史实，亦何足异？根据新史观，新史料，把旧历史一一改作，是现代史学者的责任。

中国自古昔圣哲，即习为托古之说，以自矜重：孔孟之徒，言必称尧舜；老庄之徒，言必称黄帝；墨翟之徒，言必称大禹；许行之徒，言必称神农。此风既倡，后世逸民高歌，诗人梦想，大抵概念黄、农、虞、夏、无怀、葛天的黄金时代，以重寄其怀古的幽情，而退落的历史观，遂以隐中于人心。其或征诛誓诰，则称帝命；衰乱行吟，则呼昊天；生逢不辰，遭时多故，则思王者，思英雄。而王者英雄之拯世救民，又皆为应运而生、天亶天纵的聪明圣智，而中国哲学家的历史观，遂全为循环的、神权的、伟人的历史观所结晶。一部整个的中国史，迄兹以前，遂全为是等史观所支配，以潜入于人心，深固而不可扰除。时至今日，循环的、退落的、精神的、“唯心的”历史，犹有复活反动的倾势。吾侪治史学于今日的中国，新史观的树立，对于旧史观的抗辩，其兴味正自深切，其责任正自重大。吾愿与治斯学者共策勉之。

1920 年

“史学思想史”

知识阶级的胜利

“五四”以后，知识阶级的运动层出不已。到了现在，知识阶级的胜利已经渐渐证实了。我们很盼望知识阶级作民众的先驱，民众作知识阶级的后盾。知识阶级的意义，就是一部分忠于民众作民众运动的先驱者。

1920年1月25日

“新生活”第23期

署名：孤松

精神解放

现在是解放时代了！解放的声音，天天传入我们的耳鼓。但是我以为一切解放的基础，都在精神解放。我们觉得人间一切生活上的不安不快，都是因为用了许多制度、习惯把人间相互的好意隔绝，使社会成了一个精神孤立的社会。在这个社会里，个人的生活无一处不感孤独的悲哀、苦痛；什么国，什么家，什么礼防，什么制度，都是束缚各个人精神上自由活动的东西，都是隔绝各个人间相互表示好意、同情、爱慕的东西。人类活泼泼的生活，受惯了这些积久的束缚、隔绝，自然渐成一种猜忌、嫉妒、仇视、怨恨的心理。这种病的心理，更反映到社会制度上，越颇加一层黑暗、障蔽，把愉快幸福的光华完全排出，完全消灭。这种生活，我们岂能长此忍受！所以我们的解放运动第一声就是“精神解放！”

1920 年 2 月 8 日

“新生活”第 25 期

署名：孤松

“五一”May Day运动史

(一)

大凡一个纪念日，是吉祥的日子，也是痛苦的日子，因为可纪念的胜利，都是从奋斗中悲剧中得来的。“五一”纪念日也是如此。

“五一”纪念日，是一日工作八小时的运动胜利的纪念日。他的起源，是一八八四年十月七日在芝加角（Chicago）所开国际的并国民的八大联合（Union）大会里，决议以每年五月一日为期，举行以一日工作八小时制度实行为目的的示威运动——总同盟罢工，指定一八八六年的五月一日为第一回示威运动的日子。参与这次决议的，不只是美国，坎拿大也在其中。

这个运动，是因为政府屡次扬言改善劳工条件而不实行起来的。民众知道，希望不诚实的政府是绝望的事，要想达到目的，非靠自己努力不可，乃决定排去一切向人请愿的行动，对于资本家取直接行动，以图收预定的效果。所以“五一”纪念日，是由民众势力集中的协同团体涌现出来的。他的起源，全在劳工组合主义；他的发起人等的志向，全在毫不带政治臭味的纯粹经济运动。

一八八五年，由十一月至十二月间，差不多同时开会的劳工组合（Knight of Labor，一八三四年在美国发生的）会，并美国劳工同盟会的大会，决议使八小时工作运动愈盛，全国劳工以翌年五月一日为期向雇主要求八小时工作，万一不听便断然罢工，从那一日起决不作八小时以上的工。这个运动，从这时直到翌年五月一日，继续着进行很猛。

他们的运动那样猛烈，有许多的雇主，不到五月一日那一天，就屈服了。一八八六年的四月中旬以降，已竟有出和从前一样的工钱、实行八小时工作的不少了。

一八八六年的五月一日到了！美国全国所有从事于各种职业的工人，都停了工，合声唱着

“从今以后，一个工人

也不可作八小时以上的工作！

工作八小时！

休息八小时！

教育八小时！”

的歌，在街市上游行。

这回运动的结果，居然获得可惊的胜利。五月一日以后，不过数日间，已有十二万五千人得了八小时运动的成功。一个月后，成功的人数，增加到二十万。

一八八六年的五月一日，这样成了全美劳工大胜利的纪念日。

美国还有一个劳动节，就是Labor Day，每年九月的第一个星期一日举行。但这是法定的纪念日，和那特别与八小时工作运动有关系的劳工自决得了胜利的“五一”纪念日迥乎不同。

(二)

“五一”纪念日为欧洲劳工团体所采用，是在一八八九年在巴黎开会的万国社会党大会里决定的，因为他在美国得了很大的成功，给欧洲劳工界以很大的刺激，使他们信欧美两大陆一致的大示威运动必定有更大的效果。

一九〇〇年的“五一”纪念日，欧美各国大小无数的工业都市，一齐起来举行这个大运动。伦敦海德公园里的大示威运动，与会的总数，不下二十五万人，设了演坛十六处，为二十年来未曾有的大示威运动。

是年所开的第五次万国社会党大会，议决此后每年继续不断的在五月一日举行这种大运动。

一九〇四年，在盎士铁尔丹所开的第六次万国社会党大会，最后的一天，也议决了每年五月一日的停工和示威运动。也有在五月的第一星期日举行的国，但是普通以五月一日举行的为多。

一九〇六年，万国社会党本部刊行一本小册子，题曰“五月一日万国联合示威运动”。这是用英、德、法三国语写的，内容就是八小时工作权的获得，诉于万国工人的宣言，节录于下：

“万国社会党择定五月一日为有阶级的自觉的万国工人停工举行示威运动的日子。

这个示威运动是对于资本家制度的定期警告，劳工阶级拿这个表明他们要求解放的确切信念，并且宣言这个信念决不能被象国际战争那样的诱惑和迷乱。

这个统一的运动，是万国平民一致结合始能获得胜利，始能使劳阶级赋与平和与自由于全世界的事情。

各国团结的劳工，以法定的最长工作时间限于一日八小时，为自己阶级解放的根本条件之一，相信依劳工组合的活动和立法的手段能取得之。（中略）

产业愈发达，结果愈使工人结合，工作剧重，生产状态单一，因而作成使工作时间的限制有越发必要，越发容易的倾向。

八小时工作，可作给劳动力以新活气，防止人种衰弱，并使平民大多数入人类知识的生活的手段，这个道理，如今越发明白了。（中略）

我们希望工人们参加这迫切的示威运动以求实现此希望的意思更加巩固。

于五月一日停工啊！

于五月一日举行示威运动啊！

祝福劳工啊！”

由是以来，美欧各国的工人，年年在五月一日举行示威运动。资本家阶级都战战兢兢的过他们的厄日。到一九一四年，大战勃发，劳工阶级解放的信念，一时遭了爱国主义马蹄的蹂躏，各国社会党多有为爱国的狂潮所卷而效忠于资本家政府之前的。大规模的“五一”运动似乎一时中止，可是有少数信念最笃的志士，仍然利用那一天举行休战的示威运动。一九一六年德国社会党首领李卜奈西特（Karl Liebknecht）的被捕入狱，就是因为他的“五一”宣言和演说。关于此事的始末，本志另有专篇纪述，我只把他的“五一”宣言，译在此处罢了。

李卜奈西特的“五一”宣言（May Day Manifesto）：贫闲和灾难，需要和饥馑，正在管治着日耳曼、比利时、波兰和塞尔维亚。他们的血，帝国主义的凶鬼正在吮吸，他们好象大坟墓。全世界，很受赞美的欧洲文明，被此次世界大战造出来的荒乱剥落尽了。

那些由战争获利的人们，将要同合众国战。或者明天他们便命我们用那无情的武器，去敌我们同胞中的新群合，去敌我们合众国的劳工好友，也攻打美洲起来。我们应该仔细思量这件事：限于我们日尔曼民族不站起来，不用那由自己意思指导的势力，这个民族的暗杀仍将继续不已。千万人的声音都高叫：“打破无耻的灭人族类的政策！推倒那些犯此罪行的祸首！”我们的仇敌，不是英国人，不是法国人，也不是俄国人；是那大日尔曼的地主，是日尔曼的资本家，和他们的执行委员会。

前进！我们要同这政府战！我们要同这一切自由底不共戴天的仇敌战！我们要为凡是劳工阶级将来的胜利战！为人类和文明的将来战！

工人们！朋友们！女界同胞们！切不可令这次的“五一”纪念日——战争以来的第二个“五一”纪念日——一点不反抗帝国主义的屠户，就空空过去了。“五一”这一天，我们要万众同声的高叫：“扫荡灭亡民族的罪恶行为！推倒那些主战的祸首！”

一九一八年，俄京莫斯科的“五一”纪念日更是一个盛典。因为那一天是劳农共和组织成立后的第一纪念日，是举行马克思铜象除幕式的纪念日，接着五月五日又是马克思诞生百年的纪念日。

(三)

“五一”这一天，劳工阶级固然得了很多的收获，但是也曾出了很大的牺牲。一八八六年的芝加角（Chicago）悲剧，就是一段极惨的事件。

在一八七七年的时候，美国诸大城市充满了多数失业的工人，芝城更是不少。那里的国际社会党人，召集了多次的群众大会，他们的宣传运动很得这一班贫苦工人的信从。一八八四年的感谢节（Thanksgiving Day，普通是在十一月中最后的星期四日），他们举行了一次游街示威运动。芝城 The Arbeiter-Zeitung，The Vorbote，The Faekel，The Alarm 诸报，都鼓吹工人赶快武装起来。有一位 Most 君，编了一本小册子，题为“战争底革命科学”（Revolutionary Science of War）。许多报馆，把他重印出来，传布很广。

自从一八八四年决议以一八八六年的五月一日为八小时制实行的日子，美国全国的工人都起来参与这激烈的运动。芝城的运动更是猛烈。一八八五年，八小时会由 George A. Schilling 君及其他有志者的提议，组织成功。职工会议（The Trade and Labor Assembly），是芝城中最有组织的劳工团体的中心，也立刻整饬了阵容，准备作战。中央劳工联合会（The Central Labor Union）也接踵而起。

芝城的国际社会党人，最初对于这种运动，还守中立的态度，后来看见八小时运动得了大部分的同情，而且成了劳工界的中心问题，他们才渐渐变了宗旨，起来助进这个运动。象Parsons，Spies，Fielden，Schwab等一流雄辩家，都在八小时集会里作了说士，很受欢迎。他们大都劝说工人预备在五月一日那一天武装起来。

是年的“五一”运动，芝城的工人，达到八小时工作的目的者，占大多数，但那没有达到目的者，还有四万人左右。他们只得继续着同盟罢工，以图贯彻他们的要求。最激烈的纷扰，实起于McCormick农具制造厂罢工的工人。他们由二月间已竟被迫出厂，因为厂主雇来三百多武装侦探，保护那班破坏罢工同盟的工人，雇主和工人间的战斗益烈。五月三日的早晨，罢工的工人在McCormick工厂附近，集合了一个群众大会，讨论回复工作的平和条件。Spies君出头演说，会场的光景却很平静。不意McCormick工厂的铃忽然响了，那些破坏同盟的工人出现了。有约一百五十人的群众，动了怒气，离开大会，向那些破坏同盟的工人面前进发。双方相见，就大起冲突，巷战起来，互以石子掷击。警察看势不佳，便去急打电话。不多时，一个巡官的马车飞过街市而来。又不多时，有七十五名警察，步行随着那辆车子走来。还有四五辆巡官的马车，在警察后面。这些巡官一被他们用石块抛击，便向群众开枪乱打。无辜的男、女、儿童，受伤的很多。

民众非常激怒了。Spies君急忙回到Arbeiter-Zeitung报馆，草了一篇对于芝城工人的宣言。后来人叫这做“复仇檄文”，因为为宣言的首句，就是“复仇!”劝工人们起来报他们同胞惨遭杀戮的仇。这篇宣言印了五千份，用英文和德文写的，分布各街。

次晚，在 Haymarket 地方又召集了一个群众大会，追悼他们惨遭杀戮的工界朋友。到会的约有二千人，Spies，Parsons，Fielden 诸君，都有演说。

这次集会，官府在白天并没有干涉。到了晚十点钟的时候，芝城市长 Harrison 氏离了会场，这个会议实际上已竟算是闭会了。因为眼看着云气低重，有大风雨将至的样子，至少有三分之二都散去了，只剩下数百人，Fielden 君还在那里给他们演说。演了十余分钟，就有一百七十六名警察，由 Ward 大佐督队，急奔这一部分余众而来，严令解散。Fielden 君答复说，这个集会是很平和的，并没有什么危险。在这个时候，忽然由一个附近的小路，掷进来一个炸弹，正落在第一个警士和第二个警士的中间，轰然炸裂，发出可怕的声响，炸毙一个警士，受伤的很多。双方立刻开枪乱射，延到两分钟之久，没有间断。结果警察方面，死了七人，伤了约六十人；工人方面，死了四人，伤了约五十人。

抛炸弹的人到底是谁呢？这是一个大疑问。有一位 Rudolph Schnaubelt 君，是 Schwab 君的妻兄弟，他当时很受嫌疑。Haymar-ket 悲剧发生以后，他便即时逃走了。可是他在欧洲报纸上，却屡次声明，他和这事没有关系。此外还有两说，亦颇盛传：一说谓这个炸弹是平日为警察所陷害的人的亲友放的，是为报复私仇。又一说谓当时八小时运动很占势力，所以官府使人暗掷炸弹，以便得所借口，好把这一班指导这个运动的中心人物一网打尽。从法庭审判此案故意罗织很不公平看起来，似乎最后一说也颇可信。

事实纵然如此，但是反对党到底要把这桩罪案栽到社会党人身上，于是所有的工人会都被解散，Arbeiter-Zeitung 报馆也受警察严重的检查，Haymarket 大会中发言的人和 Arbeiter-Zeitung 报馆印刷部编辑部中的重要分子，都被逮捕。五月十七日预审陪审官以投掷炸弹炸死警察 M. J. Degan 的罪状，控告 August Spies，Michael Schwab，Samuel Fielden，Albert R. Par-sons，Adolph Fischer，George Engel，Louis Lingg，Oscar W. Neebe，Rudolph Schnaubelt 和 William Seligar 等十人。除 Schnaubelt 在逃，Seligar 以告密免罪外，其余八人均付审讯。

审讯的手续既不合法，证据也不充分，并且有伪造的嫌疑。任被告人若何申辩，律师若何辩护，法官终是不睬。因为他们早有成见，此案不过是一个口实。有人说都是他们作出来的悲剧。到了八月二十日，判决书下了。Spies，Schwab，Parsons，Fielden，Fischer，Engel，Lingg 七人判了死刑，Neebe 十五年监禁，他们到州高级法庭去上告，仍然认可原判；到合众国高级法庭控诉，他们说没有审理此案的审判权，却之不理。山穷水尽，只剩下了一条路：就是请求政府特赦，或减刑。有的被告取了这个方法，结果只把 Schwab，Fielden 两人减为终身监禁，Lingg 仰乐自尽，Spies，Parsons，Fischer，Engel 于一八八七年十一月十一日惨遭绞刑。他们死义的时候，都很悲壮。Spies 君当那绞绳放在颈上的时候，有一句临终的宣言，说“我们在坟墓中的沉默比我们的演说更能动人的时候快来了”。Parsons 的最后一句话，是“让民众的声音得被听见”。Fischer 的死状，尤其壮快，他以踊跃的跳步，光明的颜色，上了断头台，高呼“这是我一生最快的一刹那”。这样构成了这一段冤狱！

过了六年，John P. Altgeld 被选为 Illinois 州长，冒许多困难，精查此案的真相，得到他们八人确实无罪的证据，才把还在生存的Fielden，Neebe，Schwab三人释放出来，并声告当时审理，此案的检查官、审判官、警官等以贿赂关系同谋捏造证据的种种事实。这段冤狱算是得了昭雪。但是死者已矣！他们的牺牲的精神，冤枉的罪案，只有引起后人的同情罢了！

我再把这八位悲剧中的人物的略传，纪在下面：

August Spies，那时才三十一岁。生于德国，一八七二年移居到美国。一八七七年为社会工党（Socialist Labor Party）的会员。他曾作过实业经理人，后来在Arbeiter-Zeitung报充当编辑长，直到他被捕的时候。社会革命俱乐部成立，他便加入这种运动。他是马克思派的学者。用英、德文作文，都是一样的。在八人中是最有学识的人。

Albert R. Parsons，一八四四年生于美国Alabama州Montgomery地方。十五岁时曾习排字术。南北战争时，曾在南部联盟方面当过兵役，但他在一八六八年刊行一种报纸，专鼓吹保障有色人种的权利，因此颇招他的亲底嫉恨。一八七五年，加入社会民主工党（Social Democratic Labor Party)。一年后又组织芝加角劳工组合的织工会议，他是首先加入一八八〇年社会革命运动的一个人。一八八四年后，发刊The Alarm报。他是一个有辩才且有魔力的说士，是一个有才能的组织家。由一八七五年至一八八六年间，他曾在群众大会里演说过不下一千次。他为组织社会工党（Socialist Labor Party)，后又为组织万国工人会（International working-people's Association)，奔走各处，足迹遍十六州。

Michael Schwab的才能，比Spies，Parsons的才能略逊，但他也是一个受过良教育的德国人。年三十三岁，被捕时来美已八年了。那时他正辅助Spies作编辑部员，他虽不是创造的作者，却也很明通，演说也很畅利。他所以于劳工运动很有影响的原故，全在他那对于劳工阶级利益伟大的热心，无限的献身。

George Engel，是八人中最年长的。一八三六年生于德国Kassel地方。艰难困苦的生涯，使他养成了一种惨厉的精神。他酷恨这现在的社会，是原于个人的感情，不是社会哲学的结果。他一到美国，便加入社会改造的运动，为一最热心的献身者。

Louis Lingg，年只二十二岁，是一个笃诚狂热的社会运动者。

Samuel Fielden，一八四七年生于英伦，当过织工、车夫，并是一个辞职的Methodist宣教师。他的社会主义的知识，大部分得自报章上的论述和公开的讨论。他的演说，直截了当，也有雄辩的煽动的气味，群众很欢迎他。

Adolph Fischer比Lingg长两岁，生于德国，十五岁时移居美国。他的社会主义的教育受自他的父母。他被捕的前数年才倾信无政府主义，是一个百折不挠的社会运动家。

Oscar Neebe，一八四九年生于纽约，一八六六年来芝加角居住。从那时以后，就和各方面劳工运动发生关系。他曾当过一回国民劳工联合的代表，后来加入社会工党和万国工人会。他未曾作过无政府党人的宣传运动，始终在工联运动上尽力。在一八八六年的八小时运动中，也占首要的地位。

(四)

法国的“五一”纪念日，也曾受过鲜血的洗礼，染印在他的历史上。

一八九一年四月下旬，礼路地方的织物工业中心地雇有二万多工人的福尔梅市，起了同盟罢工的风潮。一直延到“五一”纪念日，还没有平息。

欧洲旧俗，五月一日本来是一个令节。是日，士女都出游野外，摘取鲜花，欢欣歌舞。这一天福尔梅市的青年男女，也结队成群的出游原野，拿美丽的花，装饰在身上，笑语而归。

忽然满街起了杀气，军警和工人起了冲突，把工人捕去了数人。出游回来的青年士女，看见军警暴乱的样子，很是愤慨，便一齐唱着悲壮的歌，喧噪起来。在前引道的，是一双青年男女，女年十八岁，名叫玛利亚·卜伦德，手拿着一枝白桑茶西花；男年十九岁，名叫多孟德·季洛特，手拿着三色旗。民众并没有什么武器，不过空声骚动罢了。

军警的指挥官，再三用刀枪袭击群众，结果只是增加他们的愤慨，愈加激昂起来。军官又发开枪的命令。按法国的法律，在这个时候，必须击三次大鼓，以为开枪的警告，乃军官不守法律遽发枪击的命令，实在是违法的行为。

在这次非法的暴行之下，死了九人，伤了二十四人。也有在咖啡店里吃饭的客中流弹而死的。那引导群众的一双青年男女，一个血溅着三色旗，一个血溅着白桑茶西花枝，都作了这次血祭的牺牲，此外还有少女三人，青年男子四人，听说其中还有一个年才十岁的小孩。

这一天在塞奴的都市苦里西，官吏对于民众也有虐杀的事情。

苦里西的电报局员，早起把赤旗带在胸前，不多时就被警官夺去了。午前，工人成群结队的等候着演说的机会，直到正午，没有什么事情发生，可是警探已竟布满了街衢。

午后二时，鲁法罗呵的同志团体，忽然涌入苦里西；他们要以自由独立的意气纪念这个日子。

他们高呼着“自由万岁”，在街上游行，和警官小有冲突。

他们以后又进到一个酒店里，高声合唱工人解放的歌。警察署长闻而大怒，发令袭击酒店。警官或用刀或用手枪，直奔酒店，汹汹而来，工人乃不得不出于正当防卫。结果警官方面，伤了六人，暂行退却。

于是又为第二次的袭击。这回警官得了胜利，工人大部分逃去，只捕住狄侃、达尔达尔、鲁菲优三人。

三人的裁判，过了四个月才确定了。检察官要求死刑，但陪审官很公平持正，判决鲁菲优无罪，达尔达尔三年监禁，狄侃五年监禁。

最近一九一九年的“五一”纪念日，法国巴黎也曾起了骚动。是日巴黎市民照例举行大示威运动，参加者多系少年，并且有外国人很多。午后，军队和群众发生了大冲突，军队遮断群众前进的道路，群众拚命冲破警戒线，消防队欲用水龙击散群众，群众仍悍然前进，警察用棍棒乱打。群众过 Opera House 前，齐呼“推倒政府”。入夜形势更险，骑兵和群众又大冲突，群众用手枪自卫，死十八岁少年一人，警察受伤的四百二十三人，其中受重伤的二百五十人。这一天巴黎全市罢工，又值阴雨，光景更觉凄惨。

(五)

我写了这一段“五一”运动史，不禁起了好些感想。现在把他写出来，作本文的结论。

二、三年前，“劳动”杂志上有过一个题目：“不入支那人清梦之五月一日”。那时中国人对于这“劳工神圣”的纪念日，何等淡漠！到了去年，北京“晨报”在五月一日那一天，居然出了一个“劳动节”纪念号，一般人才渐渐知道这个纪念日的意义。到了今年，不但本志大吹大擂的作这“五一”祝典，别的同志的同业同声庆祝的，也有了好几家，不似从前那样孤零落寞了！可是到了今天，中国人的“五一”纪念日，仍然不是劳工社会的纪念日，只是几家报馆的纪念日；中国人的“五一”运动，仍然不是劳工阶级的运动，只是三五文人的运动；不是街市上的群众运动，只是纸面上的笔墨运动。这是我们第一个遗憾！

“五一”运动的历史，胚胎于八小时工作问题，已如上述，去年华盛顿的劳工会议，对于工作时间问题，居然规定了下列四项：

甲、一日八时间，一星期四十八时间。

乙、只有在特别紧急的时候，才准有法定时间外的作工。

丙、法定时间外的作工，须另加百分之二十五的工银。

丁、关系法定时间外的作工，有工人团体的地方，须与工人团体协议。此协议的结果有法律上的效力。无工人团体的地方，由政府决定。

以上四项都是确定八小时工作制的规定，不能不说是这次劳工会议一件很大的成绩了。可是这个成绩，是三十年来工人依自己阶级直接行动的努力早已得到的。“五一”运动已经发生了一种新意义。英美的工人，早已更进一步，作“六小时”“三十六小时”的运动了。劳工会议的规定，还只是先进国劳工依自己阶级的努力已经获得的收获，或其以下。难怪意大利和别国的工人代表灰心失望！这是我们第二个遗憾！

华盛顿劳工会议的成绩，虽然不能满足我们的希望，然而要他那四项一一适用到我们的劳工社会来，我们那些苦工人也许可以得享些幸福。谁知中国和日本、印度等国，又被他们认作特殊国除为例外了！那关于日本、印度等国的，我且不提，单把那关于中国的特殊规定写在下面：

甲、每星期休息一日。

乙、以一日十时间一星期六十时间为原则。对于不满十五岁的人，以一日八时间一星期四十八时间为原则。

丙、对于使用百人以上的工场，适用工场法。

丁、在各国租界内，亦适用同一规定。

再让一步，就是这种特殊规定果然能够实行，也未始不是这一班苦人的幸福。无奈他们的愚昧，真是可怜！就是这个，他们也不知道起来设法使他实行。这是我们第三个遗憾！

我们在今年的“五一”纪念日，对于中国的劳工同胞，并不敢存若何的奢望，只要他们认今年的“五一”纪念日作一个觉醒的日期。

我们在今年的“五一”纪念日，对于世界的劳工同胞希望很大。希望他们由“八小时”“四十八小时”的运动，到“六小时”“三十六小时”的运动，给“五一”纪念日加一新意义，为“五一”运动开一新纪元。

我们最后对于“五一”纪念日的自身，希望他早日完成那“八小时”运动的使命，更进而负起“六小时”运动的新使命来。

起！起!! 起!!! 劬劳辛苦的工人！今天是你们觉醒的日子了!

我这篇纪述，是根据下列诸书作成的：

1. Morris Hillquit——History of Socialism in The United States. P. 209—221

2.“解放”创刊号山川菊荣著“五月祭与八时间劳动的话”

3.“改造”大正八年九月号新妻伊都子著“致不真面目的劳动论者”和山川菊荣著“答新妻氏”

4. Karl Liebknecht——The Future belongs to The People. P. 126—128

1920年5月1日

“新青年”第7卷第6号

署名：李大钊

要自由集合的国民大会

无论何人，应该认识民众势力的伟大，在民众本身，尤应自觉其权威而毅然以张用之。

时至今日，一切历史上传留下来的势力，都一天一天的粉碎了。什么宗教咧，皇统咧，军阀咧，政阀咧。不遇民众的势力则已，遇则必降伏拜倒于其前；不犯则已，犯则必遭其殄灭。民众的势力，是现代社会上一切构造的唯一的基础。满清三百余年的皇基，当不得民众主动的革命军。一世怪杰的袁世凯，以附和民意而再起者，卒以伪造民意而亡。最近如军阀魁领的段祺瑞，赞成共和则胜利，讨伐复辟则胜利，一至反抗民众，则纵有外国军阀的后援，亦终归于一败涂地。这真是眼前的好教训！

我们认定这次战争的胜利者，究竟是民众；这次战争的失败者，究竟是败于民众的面前。这次战争，完全是五四运动的精神动荡中的过程，也就是辛亥以还革命运动的持续，方将日进而未已，断断不可仅认作军阀自残的战争，没却自己的势力。固然有些私利的关系因缘附凑于其间，但是真实胜利者只是我们民众，其余的分子不过是攀缘他的一种附属品。倘若这种附属品不自知此理，而僭夺民众的胜利以自豪，则其复亡之速比袁、段更甚。我们应该自凭其胜利而勇进，以建树未竟的事业。我们要这次战争的军前胜利者自己了解他不过是一个效忠于民众大本营前的先驱，以后要始终听民众的指挥，为民众效命。

我们应该赶快随时随处自由集合国民大会。这种国民大会，不拘一定形式，不待政府召集，全国公民要自动的愤起，竖起民众万能的大旗，把目前解决时局的办法，简单而且重要的标出几条，交给南北政府去办，他们如不按民意去办，我们可以给他们一种制裁。安福国会，是非法的东西，当然无效。旧国会时期经过太长，中更迭次变乱，其中分子早已七零八落，不足代表我们了。我们可以本着选举的权源，召还他们，但不可请求那个政府解散他们。如果他们不听我们的召还，那是他们自己表明他们不是我们的代表，任他受若何的处置，也与我们民意机关的尊严无损，那时什么人去解散他们，我们都不管了。其余必要的办法，都可一一列举出来。此外我们还要本着自由、平等、博爱、互助、劳工神圣诸大精神，发布一种神圣的民权宣言。我们全国的市民要随时到处自由会合，取应有尽有的手段，作我们的运动，非达到目的不止。我想只有这种自由集合的国民大会，才是真实的国民大会。只要真实的国民大会自动起来，那就依一种改造的选举法召集一种国民大会也好，依旧存的选举法召集二届国会也好，他们都要受这真实的国民大会表示的意思所支配。他们不过把已经粗具的概括的表现的民意，依一定的形式，精详的整理出来，做民众的打字机罢了。大家不要说这种不合一定形式的国民大会没有效力。五四以来，罢免曹陆，乃至此次打破一派军阀，摧除安福，那一件不是这种国民大会的效力！若不自动的集合国民大会，专等少数代表的国民大会去做，其结果必与洪宪参政院安福同会等。

最后还有一句话，要郑重的请大家注意！望大家愤起，把已有的职业团体改造起来，没有团体的职业也该速速联合同业，组织起来。这就是永久的人民大会的基础。民众啊！只有你们是永久的胜利者！

1920 年 8 月 17 日

“晨报”

署名：李守常

中国学生界的“May Day”

五月四日这一天，是中国学生界的“May Day”。因为在这一天中国学生界用一种直接行动，反抗强权世界，与劳动界的五月一日，有同一意味，所以要把他当做一个纪念日。

我盼望中国学生界把这种精神光大起来，以人类自由的精神扑灭一切强权，使正义人道一天比一天的昌明于全世界，不要把他看狭小了，把他仅仅看做一个爱国运动的纪念日。我更盼望从今以后，每年在这一天举行纪念的时候，都加上些新意义。

谨祝中国学生界的进步无量！

1921 年 5 月 4 日

“晨报”

列　宁

列宁原名 Vladimir Ilyich Uliyanov。一八七〇年四月十日生于 Simbirsk 省。此省位置在俄人最亲热的慈母乌尔加（Mo-ther Volga）河岸上。

关于列宁的出身，在纪载里有不同的两说：一说他是农家子弟，一说他是贵族子弟。其实二说皆有根据。在旧时俄国一个人若做了海陆军的将佐或是民政官吏，自然成了贵族。列宁的父亲虽出自农家，而显达至于省政府顾问的地位，所以随著者的意思说他是出自农家亦可，说他出自贵族亦可。他的母亲名叫 Maria Alexandrovna。伊在 Kazan 省有点小财产。列宁父死后，他的母亲承受了一份养老年金。

他的父亲历充过学校的校长或监督，是一位很热心的教育家，到处奖励文化上的兴趣。有子女五人：三男二女。一家人都能各精一艺，或善于音乐，或善于美术、文学、科学等。他们的家庭促成一个小的大学校。这样一个有趣味的团体，自然生出一种亲热的家庭精神来，兄弟姊妹都相亲爱并都亲爱他们的父母，感情异常的深厚。

这样一个美满的家庭，对着四围很苦的民众，在他们的精神上自然都印了很深的迹象。他们自己家庭生活的甘美和那呻吟在帝王虐政下万家生活的愚暗与不幸，恰是一个绝好的对照，万众的愁云遮盖了一家美爱自由的光景。所以随着他们求得知识的热情，他们对于人民的热情亦开始增进，一个跟着一个的都自献身于工人农民的解放和教育的事业。

一八八六年五月二十日，发生了一场悲剧，给了列宁一个很深的印象。悲剧为何？就是列宁的长兄 Alexander 以谋杀皇帝罪被捕入 Schlüsselburg 牢狱。

他这位长兄具有一种奇特的精神与品性，酷好音乐，尝漫步深林中，荡小舟于 Volga 河，顺流而下。他是一个勤勉优美的学生，常冠他的同级，获得学校的金奖品。

他同着他的姊妹 Anna 入圣彼得堡大学。在那里读书，非常的奋勉，出席听讲，在实验室里研究，朝夕不辍，作了一篇“论昆虫的视觉官能”的论文，得到动物学的奖赏。读了很多社会科学的书，草了一通党纲，翻译了一本关于马克思哲学的著作，组织些团体，运动船坞工人，助贫苦学生，至于典当了他所得的金奖品。

他对于皇帝暴虐的反抗，一天激烈着一天，层出不穷的虐政，驱着他与革命党的营垒日益接近。他组织了一班人，去祭批评家 Dobroliubov 的坟墓，行至 Nevsky 地方，便为哥萨克侦缉队所冲散，许多学生被捕去了。亚历山大从此便与一虚无党人团体称为“民意”（The People's Will）的联合起来谋杀俄皇亚历山大二世，事为秘密警察所发觉，有十五个会员被捕，交法庭审讯。

英国著作家 Wilcox 说：“他被讯的时候，辞却一切法律上的援助，对于不利于他的话，一句亦不驳，他第一的希望是要解脱和他有关系的人。首席辩护士说他自己承认了一切的罪名，差不多就是不是他作的事，亦认作是他作的一样。”听说因他这样把他人的罪揽在自己身上，救出了他一位同志的生命。在他对堂上的演说里，声明过他的信念就是在俄国现下的情形，只有无诛（Trerror）是政治竞争上可行的方法。到了宣读判决死刑的五人姓名的时候，Alexander Ilyich Ulyanov亦在其中，其余的四人是Gueneralov，Andriuchkin，Ossipanov，Schevyriov。

将要行刑的时候，他的母亲得了许可来看望他。伊第一次来看他的时候，他匍匐在伊的足下，流着眼泪，恳求恕他为伊添此烦恼的过处。但他对伊陈述：“一个人于报答两亲以外，还有更高的义务，而在俄国为全体人民谋政治的解放，而我就是这些更高义务中的一种。”他母说他的方法实在骇人。他答伊道：“这是必不得已的手段，舍此还有别的方法么？我要杀人，所以人必杀我”。

他很想在他一息尚存的时候，把他身前未了的责任，就是极琐屑的小事，都要弄得清清楚楚，他还记得他欠一位朋友三十卢布，就请他母亲替他赎出他的金奖品，卖了偿还此债，并且请伊把他借来的书归还故主。怕他母亲过于悲伤，他特特提起他几个兄弟姊妹都已卒业，才能都很优越，以慰安他的母亲。他就这样死在Schlüsselburg的断头台上了。这是一八八七年五月八日的事。

他那一位兄弟Dmitri和他两位姊妹都一时曾受警察的监视。列宁曾在Simbiirsk中学肄业。那临时政府的领袖Alexander kerensky的父亲Feodor Kerensky充当此校的校长。他断想不到他的儿子后来竟据过全俄的最高地位。他更梦想不到由他所管理的学校出身的学生，竟是取他儿子的地位而代之的人物，现在正以坚强的精神和手腕，指导全俄的运命，全世界大革命的运命，以与举世的仇敌相抗战。

一八八七年列宁在此校卒业，卒业后即加入 Kazan 大学。是年他的父亲去世，他的长兄遇难。他在此处的生活为时极短，因他在大学中宣传社会主义并参加革命示威运动，被逐出校，并不许在 Kazan 省居住。

一八九一年，列宁入彼得堡大学研究法律经济。是时他才结婚。在彼得堡大学肄业的期间，发布了一篇关于马克思主义的论文，声誉顿起，那被称为俄国社会主义之父的 Plekhanov 读了他的著作说："这位青年必有成为危险人物之一日"。

这时俄国的官吏亦颇注意列宁，看他是一个很危险的人物。因他对于学理和对于生命一样的有热情，并且专心一意的作社会党人运动的事业，等到他组织了劳工阶级解放联合会，他就变成一个有势力的工人首领了。

列宁并没有象他长兄一样，参与于天诛主义者的运动，他只在教育工人们以政治的、经济的、知识的事业上尽力。但从皇帝眼里看来，无论如何，只要是为人民奋斗的人，都是政府的仇敌，所以重重的拳击终不免落在列宁的头上。一八九五年他往 Geneva 与 Plekhanov 发生关系，旋即返圣彼得堡致力于社会主义的文学与宣传，用 Tulin 的名义发表。一八九六年因组织社会民主党为法庭所控被捕。一八九七年一月廿九日俄皇下了一道谕旨，把他发往西伯利亚去了。

他同着千万个最勇敢最优良的俄罗斯少年，经长途远越亚细亚的荒徼去了。但他决不令这一片冰天雪地静沉沉的西伯利业于他没有什么意义。他想在这个地方，正可以有很富的机会让他去思去读。他在 Irkutsk，Krasnoyarsk 等处过了他的逐放期间，当他在 Sushenskoy 的村落里的时候，他曾自励用脑与笔不断的工作，所以他从此出来以后，有好多的著作出世，用 Ilyich，Ilin，Tylin，Lenin 等名义发表。

列宁的流放期虽满，但在俄罗斯境内仍不能自由活动，政府仍不许他在工厂中心或是大学所在地的大都市里居住。他于是于一九〇〇年七月十六日逃往西欧，作了社会民主工党中央委员会的会员，在很重要的位置。一九〇一年他同 Plekhanov，Martov，Zasulich，Axelrod 诸同志创立了一个报社，名为“Iskra”，译云“火花”。这报成立后，就成为亡命在外的俄罗斯社会党人活动的中心。列宁在这个热烈的革命家团体里增进了很多组织的能力，所有加入解放运动的青年都来集合于这个中心；所有在俄国境内革命的宣传都是由这个中心发动。

列宁因为避暗探的监视，常迁徙于 Munich，Brussels，Paris，London，Geneva 等处，他的夫人 Nadezhda Constantinova Krup-skaya 是一个热心宣传家的女儿。伊充党中的秘书，尝用尽精力，誊写那些用看不出的化学药水写的暗号信件，几乎毁坏了伊的健康。

一八九八年，俄罗斯社会民主党成立。一九〇三年，该党在 Brussels 与伦敦开第二次会议的时候，列宁主张把该党改为中央集权的组织，由一个中央集权体指导一切运动。他力持此说，争论甚激，该党因而分裂成为二派：列宁一派为多数派（Bolsheviki）；反对列宁的一派为少数派（Menshevikl），少数派的领袖是 Martov，多数派的领袖就是列宁。

列宁既作了多数派的领袖，许多旧时负有声望的老前辈如 Plekhanov 亦在其内，都投票举他。后来他们才转到少数派里去，成了他的反对党。

列宁虽只身寄居异国，没有一点活动的方法，亦不失他的勇气，亦不抱悲观。他刊行了一部“经济学研究”的书，在俄国销行很广。他用以他这部书卖得的余钱，并赖 Lunacharsky，Bogdanov，Vorovsky 诸人的助力，创了一种报，名曰“前进”（Forward）。

一九〇四年，俄国的革命运动复活了。列宁在是年的会议提出很多的问题，如那无产阶级专政、资本家财产没收、革命运动发展至于极度、俄罗斯革命是全世界国际社会主义者革命的乐令等等问题，都是可以决定他后来作劳农政府的领袖的。

一九〇五年，俄国第一次革命爆发，列宁以大赦得归故国、指挥第二次国会里多数派的活动。不久反动又起，遂又逃往芬兰（一九〇六年），而瑞士（一九〇七年），而巴黎（一九〇八年）。此时他又创立了两种报：一名“社会民主党”（The Social Democrat），是一个宣传的机关；一名“无产阶级”（The Proletariat），是一个学理的刊物。他同他的同志住在 Cracow，距俄国边境很近，他在那里可以与俄革命党人接近，并且指挥他们的运动。

列宁于宣传运动外，还有美术的兴趣和著作的生涯。Wilcox 说他象马克思一样，欢喜英国的博物院。他对于这个机关有很热情的称誉，一谈到此，便眼光四射，兴致勃勃。他在英时即住在博物院的附近，这是他最欢娱最足以慰安精神的乐土。

列宁译过一部 Sidney and Beatrice Webb 著的“产业的平民主义”（Industrial Democracy），成绩很好。他自己的著作重要的有下列的十九种：

一、俄罗斯社会民主党问题（一八九七年出版）

二、俄罗斯资本主义发达史（一八九九年在圣彼得堡出版）

三、经济的札记和论丛（同上）

四、什么是要做的？（吾党运动的难问题）（一九〇二年在德国出版）

五、告贫乏的农民（为农民对于社会民主党的宗旨而作）一九〇三年在瑞士由俄国革命的社会民主党出版）

六、进一步退两步（论本党的危机）（一九〇四年在瑞士出版）

七、民主革命中的社会民主党两个政策（一九〇五年在瑞士由俄国社会民主工党总部出版）

八、社会民主实业史略的大纲（由一九〇五年至六年的文集）（一九一七年在彼得格拉出版）

九、解散旧国会和无产阶级之目的（一九〇六年在俄国出版）

十、一九〇五年至七年俄罗斯第一次革命中的俄国社会民主党的大纲（一九〇七年著，一九一七年在彼得格拉出版）

十一、经济批评主义的唯物哲学（一九一〇年出版）

十二、帝国主义是资本主义的末日（一九一五年著，一九一七年在彼得格拉出版）

十三、俄国政党和无产阶级之目的（一九一七年在彼得格拉出版）

十四、论进行方法的文书（一九一七年在彼得格拉出版）

十五、革命的教训（同上）

十六、农业中资本发达律的新论据（卷一论美网农务经济中的资本主义，一九一七年在彼得格拉出版）

十七、国家与革命（一九一七年在彼得格拉出版）

十八、苏维埃政府的要图（一九一八年在彼得格拉出版）

十九、无产阶级的革命与考慈基汉奸（一九一八年在彼得格拉出版）

列宁的著作译成英文的，我只看见有“无产阶级的革命”(是集合列宁与托罗士基最近的演说而成的，纽约共产党印书社印行)、“苏维埃政府的要图”（纽约 Rand School 印行）和“国家与革命”三种。

大战初发的时候，列宁方在奥国企图运动工人起来反抗，因被捕入狱。赖法国社会党人的运动，才得释放出来。他便回到瑞士，仍旧为平和为国际社会党努力运动。一九一五年的 Zim-merwald 大会中，也有他活动，他在那里是极左派的领袖。

一九一七年四、五月间，俄皇倒后，他很想回国，但协约国政府很反对他回俄国。亏得瑞士社会党人的计划，费了许多周折，才得经由德国回俄。随着他来的有一百多革命党人。其中有很多的社会革命党和少数派，著名的象 Axelrod，Martov 等亦都在内，他们是反对列宁和多数派的最有力的人物。他到俄都的那一天，陆海军人和一般人民举行了一次盛大的欢迎典礼，从此他的生涯就和俄国的大革命混在一处了。

摘自“俄罗斯革命的过去及现在”

1921 年 7 月 1 日

“新青年”第 9 卷第 3 号

署名：李守常

现代的女权运动

二十世纪是被压迫阶级底解放时代，亦是妇女底解放时代；是妇女寻觅伊们自己的时代，亦是男子发现妇女底意义的时代。

凡在“力的法则”支配之下的，都是被压迫的阶级；凡对此“力的法则”的反抗运动，都是被压迫阶级底解放运动。妇女屈服于男子“力的法则”之下，历时已经很久，故凡妇女对于男子的“力的法则”的反抗，都为女权运动。这种运动，历史中包含甚多，名之曰“革命”并不过分。

妇女要想达到伊们完全解放的目的，非组织一个世界的大联合不可。

就在白人所居的乡土，亦有多处女权运动才见萌芽。在东亚，在非洲，妇女底羁绊依然未全打破。但在此等地方，妇女的时代亦渐发见曙光了。

女权运动底国际的组织如下：妇女国际会议以各“妇女国民会议”底主席职员组成。一国底妇女俱乐部，为施行一定的普通政纲都可以加入一个国民会议。第一个国民会议，一八八八年成立于北美合众国。随后在坎拿大、法国、瑞典、英伦、丹麦、荷兰、澳洲、瑞士、义大利、奥国、诺威、匈牙利等国均有了这类的组织。

这妇女国际会议所代表的妇女数目，尚无统计。彼底会员大约将近千万人，国民会议只许以团体加入，不许以个人加入。构成妇女国际会议的各国民会议的会长，专以伊们的主席职员的资格列席。

妇女国际会议是一个促进有组织的国际的女权运动的永久机关，这是一八八八年在华盛顿成立的。

妇女参政运动是女权运动的另一形态，亦同样地依国际的形式组织起来。但对于女权运动是完全独立的，妇女参政是为有组织的妇女所提出的最急进的要求，后来在各国为急进的女权论者所拥护。伊们认妇女参政是女权运动底入门，由此可以达于更远大的目的。所以国民会议会员底大部分，不能在一切情形之下都把妇女参政加入伊们的政纲。然至一九〇四年六月九日，国际会议在柏林关于此点已有可决了。

国际妇女参政联合会在华盛顿成立后，不久在柏林亦有一个代表八国的妇女参政同盟发生。这个同盟所代表的八国，是北美合众国、威多利亚、英伦、日尔曼、瑞典、诺威、丹麦与荷兰。这个同盟与联合会联络起来，从此以后妇女参政运动便成了女权运动中最昌盛的部分。这曾声言过要在五年终再召集第二次会议的“国际妇女参政联合会”，在一九〇五年至一九〇九年间已经开了三次会议（一九〇六年在 Copenhagen，一九〇八年在 Amsterdam，一九〇九年在伦敦），会员扩张到二十一国（北美合众国、澳洲、南非洲、坎拿大、大不列颠、日尔曼、瑞典、诺威、丹麦、荷兰、芬兰、俄罗斯、匈牙利、奥大利、比利时、义大利、瑞士、法国、勃加利亚、塞尔维亚、冰岛。）第一次的会长是加特夫人（Mrs. Carrie Chapmae Catt）。

女权运动的土要的要求在各国都是相同，此等要求可大别为四：

一、属于教育者：享受与男子同等的教育的机会；

二、属于劳工者：任何职业选择的自由，与同类工作的同等报酬；

三、属于法律者：民法上，妻在法律前应与以法律的人格的完全地位并民法上的完全权能。刑法上，所有歧视妇女的一切条规完全废止。公法上，妇女参政权；

四、属于社会的生活者：须承认妇女之家庭的、社会的工作的高尚价值与把妇女排出于各种男子活动的范围以外生活的缺陷、粗粝、偏颇与单调。

各国底女权运动，都是发源于中流阶级，劳动妇女底运动比较的后起。但女权运动与劳动妇女底运动，并不含有敌对的意味，而且有互相辅助的必要。在澳洲、在英伦、在北美合众国，这两种运动全无敌对的形迹。但在阶级争斗剧烈的国家，中流阶级的妇女运动与劳动阶级的妇女运动决然分离。这是因为中流阶级的妇女没有彻底的觉悟的原故。中流阶级底妇女应该辅助劳工妇女底运动。这个道理，与美国劳工团体宣言赞助妇女参政运动的道理全是一样。因为多数劳工妇女在资本阶级压制之下，少数中流阶级的妇女断不能圆满达到女权运动的目的。反之劳工妇女运动若能成功，全妇女界的地位都可以提高。此外，劳工妇女的运动亦不该与劳工男子的运动互相敌对，应该有一种阶级的自觉，与男子劳工团体打成一气，取一致的行动。

苏俄劳农政治下妇女享有自由独立的量，比世界各国的妇女都多，就是一个显例。第三国际的执行委员会，于一九二〇年指定 Clara Zetkin 为妇女共产党的国际的书记，计画着开一国际共产党劳工妇女会，示全世界劳工阶级妇女以正当的道路，以矫正大战开始后一九一五年在 Berne 开的第一次国际妇女大会的错误。这又为女权运动开一新纪元。

一个公正的娱快的两性的关系，全靠男女间的相依、平等与互相辅助的关系，不靠妇女的附属与男子的优越。男女各有各的特性，全为对等的关系，全有相与补足的地方。国际的女权运动和国际的劳工妇女运动的起源就在全世界对于此等原理的漠视。

生活上职业的要求，使妇女有教育的修养的必要。女子教育机会的扩张似乎比承认参政权还要紧。Canon Gare 劝告英国工人道：

> “除非你得了知识，一切为正义公道的热情都归乌有。你可以成为强有力与骚乱，你可以获得一时的胜利，你可以实行革命，你若把知识仍遗留于特权阶级的手中，你将仍旧被践踏于知识的脚下，因为知识永远战胜愚昧。”

这几句痛言我借以奉告世界上未曾解放而方将努力作解放运动的妇女，特别是中国今日的妇女。

1922 年 1 月 18 日

“民国日报”副刊

“妇女评论”第 25 期

署名：守常